Domaine étranger

*collection dirigée
par
Jean-Claude Zylberstein*

SI J'ÉTAIS VOUS

Dans la même collection

SATYAJIT RAY
La nuit de l'indigo et autres nouvelles

ELIZABETH VON ARNIM
Vera

FRANZ ZEISE
L'Armada

PÉTER NÁDAS
Amour

NATHANIEL HAWTHORNE
La Lettre écarlate

GLADYS HUNTINGTON
Madame Solario

ARTHUR SCHNITZLER
Le Retour de Casanova

TOBIAS G. SMOLLETT
Roderick Random

ROBERT VAN GULIK
Le Jour de grâce

MICHAEL ARLEN
Le Chapeau vert

GIOVANNI VERGA
Cavalleria rusticana et autres nouvelles siciliennes

SIEGFRIED KRACAUER
Rues de Berlin et d'ailleurs

JOSEPH ROTH
À Berlin

PELHAM GRENVILLE WODEHOUSE
Un pélican à Blandings

PELHAM GRENVILLE
WODEHOUSE

SI J'ÉTAIS VOUS

Traduit de l'anglais
par Anne-Marie BOULOCH

Paris
Les Belles Lettres
2014

Titre original

If I were You

www.lesbelleslettres.com
Retrouvez Les Belles Lettres sur Facebook et Twitter.

© *2014, pour la présente édition,*
Société d'édition Les Belles Lettres,
95 bd Raspail, 75006 Paris.

ISBN : 978-2-251-21015-5

CHAPITRE PREMIER

À travers les larges portes-fenêtres du salon de Langley
End, la demeure campagnarde d'Anthony, cinquième comte
de Droitwich, dans le comté de Worcestershire, bien des
choses pouvaient attirer et charmer le regard. Au-delà de
l'allée de graviers bien ratissée qui disparaissait derrière
une haie de rhododendrons s'étendait une pelouse veloutée,
roulée et tondue depuis des siècles par des générations
de jardiniers attentifs. Celle-ci descendait doucement
jusqu'à un lac bordé d'arbres et, là où finissait l'eau, la
forêt commençait, grimpant ininterrompue au flanc de la
colline. La plupart des gens qui venaient dans ce salon
s'arrêtaient devant ces fenêtres et contemplaient, pleins
d'une admiration silencieuse, cette vue ravissante.

Mais pas Charles, le valet de pied de Lord Droitwich.
Tout cela était de l'histoire ancienne pour Charles. D'ailleurs,
il était en train de répondre au téléphone dont la sonnerie
l'avait interrompu alors qu'il sortait le service à thé.

– Allô ? dit Charles. Oui. C'est bien le 330 à Langley.
Qui êtes-vous ?... Qui ?

Slingsby, le majordome, qui entrait derrière lui, le
considéra avec réprobation. Comme tous les majordomes,
il savait que répondre au téléphone était une tâche requérant

9

des dons et une adresse bien au-dessus des capacités d'un simple valet de pied. Il fallait un majordome pour cela, et un bon majordome, qui plus est.

– Allô… Al-lô… Al-lô…

La réprobation s'accrut sur le visage de pleine lune de Slingsby.

– Que croyez-vous être en train de faire, jeune homme ? s'enquit-il. Chanter une chanson de chasse ?

– C'est un appel interurbain de Londres, monsieur Slingsby. Quelqu'un veut parler à Sa Seigneurie.

– Qui ?

– Je n'ai pas pu entendre, monsieur Slingsby. Il y a de la friture sur la ligne.

– Donnez-moi l'instrument.

Le majordome plaça l'écouteur contre sa grande oreille avec l'air d'un homme qui ne s'en laissera pas compter.

– Qui est à l'appareil, je vous prie ?... Pourriez-vous parler plus fort ? Placez vos lèvres plus près de… Oh, le *Daily Express* ?

– *Daily Express ?* Qui croyez-vous qu'ils demandent ?

Slingsby n'était pas homme à bavarder avec les sous-fifres. Il leva un pouce autoritaire et Charles, vexé, se retira.

– Non, reprit Slingsby en s'adressant à son lointain interlocuteur. Je ne suis pas Lord Droitwich. Je suis le majordome de Sa Seigneurie… Sa Seigneurie est dans le garage et ne peut être dérangé… Et je ne peux pas répondre à des questions portant sur la vie privée de Sa Seigneurie. Si c'est vrai, Sa Seigneurie le notifiera certainement à tous les journaux en temps utile…

Jusqu'à ce moment, les manières du majordome avaient été un modèle de majesté et de pondération. Mais, soudain, il s'abaissa à redevenir humain.

– Eh ! s'écria-t-il. Ne raccrochez pas ! Qui a gagné dans la troisième ?

Un bruit derrière lui le fit regarder par-dessus son épaule avec appréhension. Une femme encore jeune venait d'entrer par la porte-fenêtre. Il reconnut sans plaisir la tante de son employeur, Lady Lydia Bassinger. Lady Lydia était élégamment vêtue, comme pour une cérémonie. Elle revenait tout juste en fait du festival local d'horticulture.

– Qu'y a-t-il, Slingsby ?

– Le *Daily Express*, Milady. Un périodique de Londres. Ils appellent pour s'assurer qu'il y a quelque chose de vrai dans la rumeur que Sa Seigneurie vient de se fiancer.

– Quoi ?

– Oui, Milady.

– Je vais leur parler, déclara Lady Lydia.

Elle prit le récepteur des mains réticentes du majordome tout en ajoutant :

– Bonjour, Freddie.

– Bonjour, répondit le jeune homme raffiné qui venait d'entrer.

Il s'approcha d'une table et ramassa un journal du soir.

– Quelqu'un au téléphone ?

– Oui. Le *Daily...* Allô ? Êtes-vous là ?... Quoi ?

Une expression mêlée de surprise et d'indignation apparut sur le visage de Lady Lydia. Elle chercha le soutien de son neveu.

– Il y a un fou, à l'autre bout du fil, qui m'appelle Petits Yeux Brillants.

– Je suppose que les fils se sont mélangés, Milady.

C'était Slingsby qui parlait avec un air de profonde souffrance.

– Si Votre Seigneurie le permet, je…

11

Lady Lydia résista à sa tentative de récupérer le téléphone. Elle écoutait. Et, comme elle écoutait, un sourire apparut dans l'œil qu'elle tourna vers le majordome tremblant.

– Oh… Je vois…

Elle couvrit le combiné de sa main.

– Est-ce que cela veut dire quelque chose pour vous, Slingsby, si Petits Yeux Brillants a gagné dans la troisième à Gatwick ? Tomate est second. Fichu Yankee troisième. Pour lequel aviez-vous parié ?

Le majordome s'étrangla, inconsolable.

– Salade de Fruits, Milady.

– Imbécile ! Il n'est même pas placé.

– Oui, Milady.

– Quel demeuré vous l'avait conseillé ?

– Monsieur Frederick, Milady.

L'Honorable Freddie Chalk-Marshall leva les yeux de son journal.

– Désolé, Slingsby. Ce sont des choses qui arrivent.

– Cela vous apprendra, dit sévèrement Lady Lydia, à croire ce que vous dit monsieur Frederick. J'espère que vous avez perdu gros.

– Oui, Milady, admit Slingsby qui quitta la pièce pour être seul avec son chagrin.

Lady Lydia revint au téléphone.

– Allô, êtes-vous là ?... Excusez ce moment d'inattention. Je parlais chevaux avec mon majordome. Maintenant que nous avons fini ces bavardages d'écuries, je peux vous dire que vous avez Lady Lydia Bassinger au bout du fil. La tante de Lord Droitwich. Mon mari était le tuteur de Lord Droitwich durant sa minorité. Hein ? Quoi ? Non. Je ne pense pas. Je suis certaine que s'il avait pris une décision aussi sérieuse, il m'en aurait fait part. Voilà dix ans que je vis avec Lord Droitwich, depuis la mort de ses parents et... Allô... Ah, vous êtes parti ? Alors, au revoir.

Elle raccrocha et se laissa tomber dans un fauteuil.

– Ciel ! soupira-t-elle. Quelle canicule !

Freddie contempla le jardin étincelant sous le soleil du plein été.

– Je pensais bien que tu aurais un peu chaud, remarqua-t-il. Comment était le festival ?

– Comme d'habitude. Nous avons eu une Mention Honorable pour nos calcéolaires.

– Trois hourras, s'exclama Freddie. Et bien fanatiques. Qu'est-ce qu'un calculatrice ?

– Enfin, une de ces fleurs qui ressemblent à des calcéolaires. Je ne les reconnais pas les unes des autres.

– Je vois. Tu rentres bien tôt, je trouve.

– C'est vrai, admit Lady Lydia. Ton oncle a dit qu'il allait se trouver mal et qu'il pensait avoir attrapé un coup de soleil. Tiens, le voilà, l'hypocrite.

Un homme rougeaud à l'aspect chevalin, d'à peu près dix ans plus âgé que Lady Lydia, venait d'entrer d'un pas chancelant. Son magnifique costume et son haut-de-forme rutilant lui valurent l'enthousiasme bruyant de Freddie.

– Mon Dieu ! s'écria Freddie. Les Grands Amoureux À Travers Les Âges !

Lady Lydia considéra avec mépris son mari dégoulinant.

– Te voilà, fainéant !

Sir Herbert Bassinger s'épongea le front.

– Je ne suis pas un fainéant. Je te dis que j'ai failli me trouver mal. On n'a pas idée de me traîner à ce fichu festival par une chaleur pareille en jaquette et chapeau haut de forme. J'en suis presque mort. Il faisait au moins cent degrés à l'ombre[1].

– Tu n'aurais pas dû rester à l'ombre, remarqua Freddie.

– Ce que je voudrais bien savoir, poursuivit Sir Herbert tout à son auto-apitoiement, c'est pourquoi je me laisse embarquer là-dedans tous les ans.

– Il faut que la famille soit représentée, mon canard, affirma Lady Lydia.

– Alors, pourquoi n'est-ce pas Tony qui la représente ? C'est lui qui en est le chef. C'est moi qui suis Lord Droitwich, ou c'est lui ? Où est Tony ? Il se prélasse quelque part dans un hamac, je suppose.

– Au contraire, dit Freddie. Il est dans le garage, en train de se battre avec le cabriolet.

Lady Lydia hocha pensivement la tête.

– Donc, tout est dit. Il ne peut pas être fiancé avec Violet. Si c'était le cas, il serait avec elle.

– Elle prend un bain, annonça Freddie.

Sir Herbert ouvrait de grands yeux.

– Fiancé ? Qu'est-ce que c'est que cette histoire ? Qui dit qu'il est fiancé ?

– Au *Daily Express*, ils semblent le penser. Ils ont téléphoné à l'instant.

– Hein ? Quoi ? Pourquoi ?

– Je crois que c'est ma faute, Oncle Herbert, s'interposa Freddie.

– Ta faute ?

– Oui. Tu vois, le jeune Tubby Bridgnorth a eu sa dispute annuelle avec son paternel, cette fois parce qu'il avait manqué de tact en taquinant le vieux sur sa calvitie.

---

1. Fahrenheit, bien entendu… (ndt)

Des paroles désagréables s'en sont suivies et Tubby est maintenant dans la métropole, en train d'essayer de gagner sa maigre pitance en écrivant pour les colonnes des potins. J'ai pensé qu'il était d'un bon camarade de le tuyauter sur les fiançailles de Tony, alors je lui ai envoyé un télégramme juste après le déjeuner.

– Mais, espèce d'andouille, s'écria Lady Lydia. Tony n'est pas fiancé !

– Oh si !

– Il te l'a dit ?

– Non, mais je l'ai vu embrasser Violet dans la roseraie.

Lady Lydia poussa un cri fébrile.

– Dans la roseraie ? Et alors ? Tu appelles ça une preuve ? Ta mère ne t'a donc rien appris sur les mystères de la vie ? Tu ignores donc que tout le monde embrasse tout le monde dans les roseraies ?

– Comment le sais-tu ? demanda Sir Herbert jaloux.

– Peu importe.

Freddie leva une main apaisante.

– Ne vous inquiétez pas, dit-il. C'était un de ces baisers particuliers… Qui s'attardent…

– Ah ? fit rêveusement Lady Lydia. Un de ceux-là ?

– D'ailleurs, j'ai pu conclure d'après l'air qu'avait Tony.

– Ravissement ?

– À moitié ravissement, à moitié appréhension. L'air qu'a un type qui signe un long bail pour un logement qu'il n'a pas suffisamment inspecté.

Sir Herbert souffla, méditatif.

– Eh bien, j'espère que tu as raison, par Jupiter ! Penser que Tony pourrait épouser l'héritière des Quatre-vingt-dix-sept Soupes Waddington ! Waouh ! C'est comme découvrir un puits de pétrole !

Lady Lydia doutait encore.

– Je ne veux pas doucher ton bel enthousiasme, Herbert, dit-elle, mais je confesse que je serais plus à l'aise s'il l'avait embrassée ailleurs que dans la roseraie. Je connais les roseraies.

– Oh !

Sir Herbert était moite, mais pas assez moite pour ne pas s'indigner de cette remarque.

– Eh bien, laisse-moi te dire que, quand j'étais jeune, j'en savais aussi long que toi sur les roseraies. Laisse-moi te dire…

– Plus tard, conseilla Freddie. Plus tard, je vous le suggère… à moins que vous ne vouliez inclure le vieux Wad dans la discussion.

Sir Herbert suivit le regard de son neveu.

– Oh ! Ah ! dit-il.

Et il se mit à polir son haut-de-forme. La porte s'était ouverte et un petit homme costaud entrait. On aurait dit que la nature avait eu l'intention de le doter de favoris fournis et ne s'était qu'avec effort retenue d'infliger cet outrage à l'œil du public.

G. G. Waddington, des Quatre-vingt-dix-sept Soupes, était béat.

– Ma parole, vous tous ! commença-t-il. Vous savez la nouvelle ?

Lady Lydia sursauta.

– Vous ne voulez pas dire ?

– Si ! Droitwich et ma petite Violet.

– Alors, maintenant, on me croira, peut-être ! intervint Freddie.

– Ils sont vraiment fiancés ?

– Je le tiens de la bouche de Violet. Rencontrée à l'instant dans l'escalier.

– Capital ! dit Sir Herbert.

– Quelle délicieuse surprise, ajouta Lady Lydia.

– Surprise ?

Le ton de monsieur Waddington était à l'humour.

– Allons, Lady L. ! Qui donc a suggéré…

– Oui, oui, monsieur Waddington, interrompit hâtivement Lady Lydia. N'entrons pas dans ces détails pour l'instant. Voici Violet.

Violet Waddington était grande et mince, et ressemblait à une gravure de mode. Elle paraissait tenir plutôt du côté de sa mère, car elle était aussi indéniablement belle que le patron des Quatre-vingt-dix-sept Soupes était vilain. Ses manières étaient languissantes et blasées.

– Ma chère, déclara Lady Lydia, votre père vient de nous apprendre la nouvelle.

– Ah oui ?

– Je suis ravie, ajouta Lady Lydia.

– Merci.

– Je suis ravi.

– Merci, Sir Herbert.

– Et je suis ravi, insista Freddie.

– Merci Freddie. Je suis contente, dit Violet avec l'ombre d'un bâillement étouffé, que cela vous fasse plaisir à tous.

– La chose étant maintenant officielle, reprit Freddie, je suppose que je ferais mieux de préparer un autre télégramme bien pensé pour le jeune Tubby.

Il se dirigea vers le bureau et, prenant une chaise, s'installa les sourcils froncés pour sa composition littéraire. Lady Lydia tournait encore autour de la future épouse, comme si elle espérait amener un peu d'enthousiasme et d'émotion à une scène qui en manquait singulièrement jusqu'à présent.

– C'était ce que j'espérais depuis si longtemps. Je suis certaine que vous allez être heureux.

– Un type formidable, Tony, dit monsieur Waddington.

– Le meilleur qu'on ait jamais vu, ajouta Sir Herbert.

– Oh oui, fit Violet comme si on l'obligeait à se joindre à une conversation sur un sujet plutôt ennuyeux. Et je peux dire qu'il a quelque chose pour lui. Il sait quoi faire dans une roseraie.

Sir Herbert toussa.

– Il tient cela de sa tante, insinua-t-il d'un air mauvais.

L'œil de Lady Lydia étincela.

– Qu'est-ce à dire, Herbert ?

– Vous avez très bien entendu, dit Sir Herbert avec dignité. Il se dirigea vers la porte.

– Je monte retirer ces vêtements infernaux.

– Oui, approuva Lady Lydia. Dis à ton valet de te passer quelque chose de plus confortable, et nous reparlerons de tes plaisanteries plus tard.

Freddie s'était levé pour sonner.

– J'ai manqué quelque chose ? demanda-t-il. Quelle plaisanterie ?

– Peu importe, répondit Lady Lydia. Mais laisse-moi te dire que ton oncle n'aura pas de porto ce soir.

– Voilà une chose, intervint Violet, que, en tant que femme mariée, vous allez pouvoir m'expliquer. Comment les tient-on éloignés du porto ?

– Violet ! s'écria monsieur Waddington.

– Ma chère, dit Lady Lydia, vous n'aurez pas à vous inquiéter de cela avec Tony avant des années. Pour l'instant, il tient trop à sa forme.

– Oui, admit Violet avec un autre faible bâillement. C'est un bel athlète, n'est-ce pas ?

Slingsby parut sur le seuil comme un banc de nuages plein de dignité.

– Milady a sonné ?

– C'est moi qui ai sonné, s'immisça Freddie. La voiture est-elle sortie du garage, Slingsby ?

– Pas encore, monsieur Frederick.

– Je voudrais que Roberts porte ce télégramme au village pour moi. Où est-il ?

– Dans la cuisine, monsieur Frederick.

– Parfait, conclut Freddie qui sortit en brandissant le télégramme qui devait réjouir le cœur de son ami Tubby Bridgnorth.

Slingsby se tourna vers Lady Lydia.

– Je vous demande pardon, Milady.

– Oui, Slingsby.

– À propos de Price, Milady.

– Oh oui. Elle vient aujourd'hui, n'est-ce pas ?

– Oui, Milady.

L'événement semblait intensifier la mélancolie habituelle du majordome.

– Accompagnée de son fils. Votre Seigneurie a bien voulu me donner la permission de la recevoir à l'office cet après-midi. Je viens d'apprendre qu'il y aura une jeune personne avec eux, Milady. Elle tient le poste de manucure dans la boutique du jeune Price.

– Très bien. Plus on est de fous, plus on rit.

– Merci, Milady. Je voulais vous demander si je pourrais permettre à cette jeune personne de se promener dans les jardins ? Ce serait une joie pour elle. J'ai cru comprendre qu'elle vient d'Amérique où, comme le sait Votre Seigneurie, il n'existe pas d'endroits historiques comme ici.

– Ce sera très bien Slingsby.

– Merci, Milady.

Le majordome se retira, plutôt à la façon d'un ambassadeur qui vient de remettre un protocole (si c'est bien cela que remettent les ambassadeurs). Violet Waddington se tourna vers Lady Lydia.

– Price ? C'est la vieille nourrice dont me parlait Tony ?

– Oui. La sœur de Slingsby. Elle a épousé un barbier de Londres. Et j'aimerais bien, ajouta Lady Lydia avec une irritation soudaine, qu'elle reste à Londres auquel elle appartient.

– Vous ne l'aimez pas ?

– Elle me donne la chair de poule.

– Pourquoi ?

Une tristesse inattendue semblait avoir envahi Lady Lydia Bassinger.

– C'est une méchante vieille, dit-elle. Et elle boit trop. Bon. Je vais imiter Herbert et me changer pour une tenue plus humaine. Pouvez-vous servir le thé ?

– Certainement, Lady Lydia. Du thé, Père ?

Pendant quelques instants après le départ de leur hôtesse, le silence régna entre les Waddington père et fille. Violet s'occupait du thé et monsieur Waddington était à la fenêtre, regardant la pelouse et le lac. Il semblait renfrogné. Mais ce qui le troublait n'avait rien à voir avec le paysage environnant Langley End, comme le prouvèrent ses paroles, quand il parla enfin.

– Je dois dire, observa-t-il en se tournant pour diriger sur sa fille un regard de reproche, que je me demande ce que deviennent les filles, de nos jours.

– Ce qui veut dire ? demanda Violet.

– Je ne suis peut-être pas à la mode, poursuivit monsieur Waddington en s'échauffant sur le sujet, mais j'aimerais un peu plus d'enthousiasme en cette occasion.

Violet soupira. Elle trouvait souvent son père éprouvant.

– Quoi ? Être sentimentale ? demanda-t-elle.

– Pourquoi pas sentimentale ? rétorqua monsieur Waddington.

– Je vais te dire pourquoi, répliqua Violet. Parce que je sais, et que tu sais que ce n'est qu'un arrangement d'affaires. J'apporte l'argent, Tony apporte le titre. Soyons honnêtes. Tu m'as amenée ici pour attraper Tony. Je l'ai attrapé. Je ne vois aucune raison d'en faire toute une histoire.

Un spasme secoua monsieur Waddington.

– Chut ! fit-il. Tu sais bien que les murs ont des oreilles !

– Et toi, tu sais bien que tu as tout arrangé avec Lady Lydia. La proximité… Les promenades au clair de lune… Inviter Bertie Smethurst pour stimuler un peu les choses…

– Ne parle pas comme ça ! cria monsieur Waddington alarmé.

Violet laissa tomber un morceau de sucre dans son thé et le remua avec calme.

– Je vais te dire. Quand il m'a demandé ma main, je me suis fait l'impression de tirer un oiseau au nid.

– Arrête cela !

– Bien sûr, si tu insistes vraiment sur l'enthousiasme, je vais faire de mon mieux. Oh, papa chéri, poursuivit Violet d'une voix enfantine, quand Tony m'a demandé d'être sa femme, j'ai été complètement bouleversée, tellement étonnée qu'il puisse avoir des sentiments pour moi que je m'en suis étouffée. C'est un véritable agneau et je suis terriblement amoureuse de lui. Je ne m'intéresse pas à son titre. Ce qui m'ennuie, ajouta-t-elle en reprenant sa voix normale, c'est que ça ait été aussi facile.

Monsieur Waddington ravala son indignation. L'expérience lui avait appris qu'il n'avait jamais le dessus quand il discutait avec sa fille.

– Bon. Facile ou non, tu l'as fait. Et maintenant, je vais téléphoner aux journaux.

– Pas d'ici, si ça ne te fait rien.

Monsieur Waddington s'arrêta sur son chemin vers le téléphone.

– Hein ?

– Je ne tiens pas à t'entendre béer à tous les échos. Va au pub du village.

– Oh, d'accord, acquiesça monsieur Waddington. D'accord, d'accord, d'accord. Je dois dire que Ta Seigneurie est plutôt bizarre. Juste une chose, continua-t-il en s'attardant à la porte, tu n'es pas encore comtesse de Droitwich. Si tu veux l'être, je te recommande de faire attention à ce que tu dis quand tu es avec Tony.

– Enfin, Père ! s'écria Violet. Tu ne crois quand même pas que je parle quand je suis avec Tony ? Je baisse juste timidement les yeux.

– Bah ! fit monsieur Waddington.

Ce n'était pas vraiment un dernier mot mais, tel qu'il était, il l'avait eu.

CHAPITRE DEUX

Pendant quelques minutes après que ce dernier mot fut prononcé, Violet Waddington eut le salon pour elle toute seule. Elle mangea calmement des sandwichs au concombre, et en était au milieu du troisième quand l'Honorable Freddie Chalk-Marshall, qui avait remis son télégramme au chauffeur, rentra à la recherche de quelque nourriture. Freddie aimait avoir sa goutte de thé dans l'après-midi.

– Hello, dit-il, toute seule ?

– Oui, répondit Violet. Lady Lydia est montée pour changer de robe et Père est en route pour les *Armes de Droitwich*.

– Pour prendre un pot ?

– Non. Seulement pour téléphoner aux journaux la nouvelle des fiançailles.

Freddie grimaça.

– Oh ? C'est un peu dur pour le jeune Tubby. J'ai bien peur qu'il manque son scoop. Vous ne connaissez pas le jeune Tubby, n'est-ce pas ?

– Non.

– Un brave type, mais qui aime trop à se moquer de son paternel. À propos de son vieux, j'essaye de lui vendre une nouvelle lotion pour la repousse des cheveux.

– Je ne savais pas que vous étiez dans cette profession, Freddie.

– J'essaye juste de me lancer. C'est un truc que Tony a rapporté de Londres il y a un mois ou deux, et il m'a paru plutôt bon. Il l'avait eu au salon de coiffure du jeune Price. C'est fait d'après une vieille recette du grand-père de Price. Il m'a semblé que, si je pouvais y intéresser le grand capital, je serais en position de demander à Price une bonne commission. On ne sait jamais.

– Les Price viennent ici cet après-midi.

– Oh, la barbe ! Elle était la nourrice de Tony, précisa Freddie.

– Je sais.

– Une horrible femelle. Et le fils est pire. C'est un sale type.

– Alors, je suppose que vous ne les rencontrerez pas.

– Pas si je les vois le premier, admit Freddie.

Il y eut une pause.

– Ma parole ! reprit Freddie.

– Quoi ?

– Quand j'étais dehors, j'ai aperçu à l'horizon le vieux Tony qui venait par ici. Il ne va pas tarder, j'imagine. Voulez-vous que je file ?

– Bien sûr que non.

– C'est que je sais comment sont les jeunes couples. Alors, si vous le voulez…

Le bruit de pas sur le gravier l'interrompit. Un corps massif s'encadra dans la porte-fenêtre du milieu. Anthony, Lord Droitwich, en personne.

– Du thé ! cria-t-il. Au nom du Prophète, du thé !

– Hello, Tony, dit Violet, vous semblez avoir chaud.

– J'ai chaud. J'ai été assez idiot pour essayer de réparer ce tas de boue par un jour comme celui-ci. Et maintenant, il faut que je descende au village pour chercher une batterie.

Le cinquième comte de Droitwich était un jeune homme corpulent qui frisait la trentaine. Un portrait de lui, au-dessus de la cheminée, montrait qu'il pouvait paraître, sinon séduisant, au moins propre et agréable ; mais, en ce moment, il n'était pas au mieux. Il était en manches de chemise, échevelé et en sueur. Une mèche de cheveux blonds pendait sur son front déshonoré par plus d'une tache de graisse de moteur et ses avant-bras étaient sales.

Son apparence lui valut les critiques de son frère.

– Tony, déclara l'Honorable Freddie plus malheureux qu'en colère. Tu es horrible.

Lord Droitwich s'était arrêté devant un miroir et semblait trouver que le verdict, bien que sévère, était assez juste.

– Versez-moi une tasse de thé, voulez-vous, ma chère ? dit-il. Je reviens dans une seconde.

Il disparut pour revenir quelques instants plus tard, propre et recoiffé. Il était encore en manches de chemise, car il avait laissé sa veste au garage. Mais, de toute façon, il n'était pas arbitre des élégances comme son frère. En fait, il faisait le désespoir de l'Honorable Freddie, qui l'avait depuis longtemps abandonné avec un soupir à son manque de goût.

Il prit la tasse que lui tendait Violet et la vida d'un trait.

– Encore, ordonna-t-il.

Violet remplit la tasse. Tony la vida de nouveau et sembla se sentir mieux. Il alluma une cigarette.

– Freddie connaît-il la nouvelle ? demanda-t-il.

Violet hocha la tête.

– Comment l'a-t-il prise ?

– On aurait pu le renverser d'une pichenette.

Freddie intervint, solennel.

– Tu sais, Tony…

– Hello ?

– Si tu veux l'embrasser, poursuivit Freddie. Vas-y sans hésiter, je connais la vie.

C'était une invitation généreuse mais, avant qu'aucune des parties intéressées ne se soit penchée sur la question, leur attention fut détournée par un bruit désagréable venant de l'allée. Un véhicule quelconque approchait. Freddie, qui était le plus proche de la fenêtre, regarda dehors. Tony, qui guettait par-dessus son épaule, poussa une exclamation et se recula vivement.

– Oh zut ! fit Tony.

– Ne dites pas que c'est une visite, dit Violet.

– Pas pour vous. C'est Ma Price.

– Vous ne l'aimez pas non plus ?

– Elle me fiche la trouille, avoua Tony. Elle va fondre en larmes et vouloir m'embrasser. Une opération humide et désagréable, croyez-moi. Je peux comprendre que quelqu'un éclate en sanglots en me voyant. Je peux même admettre que quelqu'un d'excentrique puisse vouloir m'embrasser. Mais pas les deux en même temps. C'est contradictoire.

Il but encore du thé pour se fortifier en vue de ce supplice. Ces visites périodiques de sa vieille nourrice étaient une épreuve pour Lord Droitwich. S'il avait jamais vraiment apprécié la compagnie de Ma Price, c'était, pensait-il, qu'il devait avoir été un bébé facile à contenter.

– Je crois qu'elle a amené son fils, grogna doucement Freddie.

– Il va aussi vous embrasser ? demanda Violet.

– Certainement pas, répliqua Tony. Embrasser un membre de la noblesse serait contraire aux principes de Syd Price. Il est socialiste.

– La compagnie, d'après ce que j'ai vu, remarqua Freddie, contient encore une sacrément jolie fille. Qui peut-elle être ?

– C'est la manucure.

– Comment savez-vous cela ?

– Slingsby en a parlé.

Violet se leva.

– Eh bien, je vais aller faire un tour, l'air de rien, vers l'arrière de la maison, pour leur jeter un coup d'œil, dit-elle. Une femme qui a embrassé Tony quand il était bébé et qui a survécu vaut la peine qu'on l'admire.

– On m'a dit que j'étais un bébé particulièrement adorable, déclara Tony.

– Vous venez avec moi ?

– Il faut que j'aille chercher ma batterie.

– Eh bien, si je rencontre madame Price, je lui dirai que vous êtes impatient qu'elle vienne vous embrasser.

– Mais que je préférerais un baiser sec, cette fois.

– D'accord, fit Violet. J'essaierai d'arranger ça.

La porte se ferma derrière elle, se rouvrit brusquement, et Tony se leva pour la fermer. Il revint vers la table pour trouver son frère qui le fixait d'un œil rond et curieux qui le mit mal à l'aise. Un peu embarrassé, il prit une tranche de cake. Il y avait quelque chose d'assez pompeux, chez Freddie Chalk-Marshall, en ce moment et Tony n'aimait pas cela. Freddie donnait fréquemment à son frère aîné l'impression de n'être qu'un simple bébé en présence d'un vétéran homme du monde.

Il rompit le silence.

– Eh bien, ver de terre ?

– Quoi donc, reptile ? rétorqua Freddie.

Il y eut une autre pause. Tony sentait qu'il lui fallait connaître le pire dès maintenant. Si son frère désapprouvait ses fiançailles, qu'il le dise une bonne fois et qu'on en finisse avec ce suspense.

– Que penses-tu de la situation ? demanda-t-il. Violet et moi ? Ça va ?

Freddie soupesa la question avec la solennité d'un grand prêtre consulté par un disciple.

– Eh bien… Oui… et non, finit-il par répondre.

– C'est clair. Que veux-tu dire ?

Freddie brossa une miette sur sa manche. La gravité de son air s'accrut.

– Eh bien, je suppose que tu sais, dit-il, que ton futur beau-père, le vieux Wad aura le droit de te donner des tapes dans le dos n'importe quand.

– C'est vrai.

– Je vais te dire quelque chose, poursuivit Freddie pas méchamment mais fermement. S'il pense que je vais le promener et le présenter à Buckingham, il se trompe lourdement.

Tony semblait pensif.

– Oui, avoua-t-il. J'admets que le vieux Waddington est le mauvais côté des choses. Mais, à part ça, tu trouves que j'ai de la chance, n'est-ce pas ?

Freddie le considéra avec une certaine pitié.

– Tu veux que je te parle franchement ?

– Certainement.

– Tu veux connaître le fond de ma pensée ?

– Bien sûr.

– Eh bien, alors, je suppose que tu sais que tu t'es fait avoir ?

Tony digéra en silence cette désagréable déclaration.

– Avoir ? répéta-t-il enfin.

– Tout était arrangé d'avance.

– Ne dis pas d'idioties.

– Ce ne sont pas des idioties mon vieux.

– Tu es en train de me dire qu'une fille comme Violet irait courir après un type comme moi ?

– Mon cher vieux, demanda Freddie, est-ce qu'une souricière court après les souris ?

– Jusqu'à cet après-midi, je n'avais aucune idée de ce qui allait arriver.

– Mais elle si.

Tony perdait son calme ancestral.

– Tu sais tout là-dessus, n'est-ce pas ? dit-il avec rudesse.

– Anthony Claude Wilbraham Bryce, répliqua son frère, je sais tout sur tout. On m'appelle Frederick l'Infaillible parce que je ne me trompe jamais.

– Tu me rends malade.

– Oh, ne le prends pas mal, mon vieux, rétorqua calmement Freddie. C'est plutôt un compliment. Ça veut dire que tu as de la valeur sur le marché.

– Bah !

– De toute façon, c'est fait, maintenant. Au fait, félicitations ! Je pense que vous serez très, très heureux… peut-être.

– Pourquoi peut-être ?

– Rien, mon vieux, rien. Juste peut-être.

La réponse brutale qui tremblait sur les lèvres de Tony ne fut pas prononcée. Derrière son frère, il vit un nouvel arrivant.

Debout devant la porte-fenêtre se tenait un jeune homme de son âge. Il portait des knickerbockers et une horrible petite moustache déparait sa lèvre supérieure. Son air mêlait l'arrogance et la timidité caractéristiques du Cockney quand il quitte son Londres familier pour des terres étrangères.

– Hello ! fit le jeune homme.

Il eut un sourire furtif.

– Désolé. Je ne savais pas qu'il y avait quelqu'un ici. Bon après-midi, Milord.

CHAPITRE TROIS

Tony fut pris au dépourvu et, pendant un moment, trouva difficile de sortir son esprit de la conversation interrompue. Mais, comme le brave type qu'il était, il réussit à mettre de côté ses pensées désagréables à propos de Violet et se donna pour tâche de bien accueillir l'intrus.

– Tiens, Syd, dit-il. Je ne vous avais pas reconnu. Entrez. Tu connais Syd Price, Frederick ?

– ...Ment ça va, monsieur Frederick ?

– Salut, fit sévèrement Freddie.

– Nous vous avons vus par la fenêtre, reprit Tony. Comment va votre mère ?

– Pas trop bien, Milord. Nous a fait une crise, en route. C'est son cœur.

– C'est affreux. A-t-elle pris quelque chose pour se remettre ?

– Oui, Milord. Une flasque presque entière.

Tony se tourna vers Freddie, car il trouvait que sa conduite laissait par trop entendre qu'il ne voulait pas prendre part à cette scène dégradante.

– Le cœur de Ma Price ne va pas fort, Freddie.

– Vraiment ? demanda froidement son frère.

– Il n'a jamais été bien bon, n'est-ce pas ? persévéra Tony en regardant Syd.

– Non, Milord. J'me rappelle, quand Pa nous emmenait en vacances, à Margate ou ailleurs, il n'achetait jamais de billet de retour pour Ma. Pa était un homme prudent.

Il rit de bon cœur. Puis il croisa le regard de Freddie et son rire s'évanouit.

– Il faut que je lui souhaite la bienvenue dans la vieille demeure, décida Tony. Est-elle à l'office ?

– Oui, Milord. Z'allez la trouver un peu rabougrie.

Freddie frémit. Il lui semblait qu'on n'avait pas le droit de soumettre un homme à ce genre de choses.

– Quel dommage, répondit Tony. Mais, elle va vouloir me voir.

– J'espère seulement qu'elle ne vous verra pas deux !

– Grand Dieu ! Est-elle si mal que ça ?

– Elle est un peu pompette, Milord. Je ne veux pas vous tromper. Quand Ma a une crise, il faut la remplir de cognac.

Il considéra fixement Tony.

– Me pardonnerez-vous une remarque, Milord ?

– Allez-y, Syd.

– C't à propos d'vot' m'che, Milord.

– Mioche ? interrogea Freddie. Il n'en a pas encore, vous avez sauté un chapitre.

– Je faisais allusion, dit sèchement Syd, à la mèche de ch'veux de Vot' Seigneurie. J'aime pas trop vot' coiffure, Milord. Vous avez dû vous faire faire une coupe chez le merlan local. Et il vous a pas réussi. Des barbares, v'là c'qu'y sont, à la campagne.

– Syd a des préjugés, Freddie. C'est bien un Londonien.

– Ouais, fit Syd. Vous pouvez bien dire « Londonien ». Mon père avait la boutique avant moi.

Un soupçon de fierté perça dans sa voix.

– Ouais, et son père avant lui. Et son père avant lui. J'ai
encore les rasoirs d'mon arrière-grand-Pa. Des machins
superbes, avec des lames comme des couteaux à pain.

Il adressait ce chant tribal à Freddie en lui jetant un
regard de défi.

– Vraiment ? demanda Freddie.

– Ouais. J'vous les montrerai si vous voulez.

– J'ai hâte de les voir, affirma Freddie glacial.

Il se leva et se dirigea vers la porte.

– Tu sors, Freddie ? questionna Tony.

– Oui, rétorqua Freddie d'un air décidé. Je me sens un
peu faible. Pour une raison ou une autre, je crois que je
vais avoir une crise.

Syd Price regarda d'un œil noir la porte qui se refermait.

– C'est des types comme ça, remarqua-t-il, qui vont
faire arriver la révolution.

Tony, avec son habituel bon cœur, tâcha de soigner la
blessure.

– Oh, il ne faut pas vous en faire pour Freddie. C'est
juste sa façon d'être.

– Une façon d'être, déclara Syd sentencieux, qui va
bientôt faire passer des charrettes dans Piccadilly et faire
couler le sang dans Park Lane.

Tony frissonna.

– Quelle idée bestiale ! Tellement glissant. Mais ne soyez
pas trop dur pour Freddie, Syd. Il est peut-être un peu Eton
et Oxford, mais il travaille pour vos intérêts. Vous vous
rappelez cette lotion avec laquelle vous m'aviez frictionné,
la dernière fois que je suis allé chez vous ? Il essaie d'y
intéresser le capital. Il pense qu'elle est bonne.

– Elle est bonne.

– Alors, vous allez peut-être toucher le gros lot. Comptez cela en faveur de Freddie quand vous passerez l'aristocratie au fil de l'épée. À propos, quand pensez-vous commencer cette révolution sociale ?

Syd eut un sourire sombre.

– Ça peut bien être demain.

– Ah ! dit Tony. Alors, j'ai juste le temps d'aller chercher ma batterie au village. Vous ne m'en voudrez pas de vous laisser ?

– Allez-y, Milord. Pas d'objection à ce que je traîne par ici pendant que vous êtes parti ?

– Aucune, bien sûr. Vous aimez les portraits ?

– J'aime ceux-là, assura Syd.

Il s'était promené dans la pièce en parlant, et il s'arrêta devant un tableau pendu sur le mur du fond. Il représentait un gentleman à l'air militaire, vêtu d'une armure, dont le menton relevé semblait lancer un défi à un ennemi invisible et dont la main droite, la mieux placée pour s'occuper de cet ennemi, au cas où celui-ci tenterait ce que Syd eût appelé « une sale affaire », agrippait la garde d'une épée très longue et probablement bien affûtée. Syd leva les yeux vers lui avec un certain respect.

– Qui est-ce ? demanda-t-il.

– C'est un de mes ancêtres, répondit Tony. On l'appelait Richard Longue-Épée. Il a cogné le nez du roi d'Écosse qui l'avait traité de menteur et fut condamné à être écartelé.

– Oh ! Et il l'a été ?

– Sa fille lui a fait passer son épée, en prison. La même épée que vous voyez là. Et il a réussi à s'évader.

– Ils en faisaient des choses, dans c'temps-là.

– Vraiment ! s'écria Tony.

– Oui, Milord ?

Tony regardait son visiteur. Syd se tortilla, mal à l'aise. Il était très susceptible à propos de son apparence et il se demandait s'il avait une tache sur le nez.

– C'est drôle, reprit Tony. Savez-vous qu'il y a une ressemblance entre vous ?

– Moi et lui ?

– Oui. Une ressemblance frappante, même.

Syd eut un petit rire amusé.

– Non coupable, Milord. Aucun de mes ancêtres n'a jamais connu aucun des vôtres, à part Ma. Et elle est respectable.

Tony rit à son tour.

– Oh, je n'insinuais rien, Syd. Bon. Je dois vous quitter. Si vous voulez une cigarette, vous en trouverez là.

– Merci, Milord.

Tony disparut par la porte-fenêtre, mais Syd, bien qu'il n'eût rien contre une cigarette, ne se dirigea pas immédiatement vers la table où se trouvait la boîte en contenant. Il resta sous le portrait et le contempla. Il prit la pose du portrait, le menton levé et la main droite serrant une épée invisible.

– Ouais ! fit-il.

Tandis qu'il parlait, la porte s'ouvrit. Slingsby entra. Les traits impressionnants du majordome portaient un air inquiet.

– Eh bien ! dit-il.

Syd sortit de sa rêverie.

– Hello, Oncle Ted.

– Où est ta mère ? demanda le majordome.

– Comment j'saurais ? Elle est pas à l'office ?

– Non, elle n'y est pas. Elle vadrouille dans la maison, là où elle n'a rien à faire.

– Elle fait rien de mal. Elle aime revoir ses vieux quartiers. Elle y a vécu deux ans, quand Sa Seigneurie était bébé.

– Peu importe. Sa place est dans les communs. Elle n'a pas plus à rôder dans la maison que tu n'as à être dans cette pièce.

Syd Price n'aimait pas trop son oncle, et il lui sembla que le moment était venu de le remettre à sa place.

– Tu crois ? demanda-t-il. Alors, laisse-moi te dire qu'j'ai la permission expresse de Sa Seigneurie d'être dans cette pièce. Et, maintenant que je suis ici, j'vais prendre une cigarette.

– Tu oserais !

– Spécialement invité par Sa Seigneurie, précisa Syd triomphant. Mets ça dans ta poche et ton mouchoir par-dessus.

Le majordome resta déconcerté.

– Jeune chien impudent ! s'exclama-t-il.

Syd tendit la main vers son épée invisible.

– Finissez, varlet, ou je vous pourfends ! Oui, par Notre Dame !

– Tu es devenu fou ?

– J'plaisante, Oncle Ted. Sa Seigneurie vient d'me dire que je ressemble à ce mec, là-haut.

– Ah, il a dit ça, vraiment ?

– Ouais, il a dit ça, vraiment ! Et c'est vrai. La ressemblance est frappante.

Il considéra le portrait.

– Ouah ! s'écria-t-il. J'aurais voulu être un guerrier comme lui. J'aurais fait un bien meilleur comte que certains, j'te l'dis.

– Qu'est-ce que cela, jeune Syd ? demanda sèchement Slingsby.

Il était impossible, pour un homme de sa corpulence, de vraiment tressaillir, mais une sorte de vague d'indignation venait de traverser son corps.

– Ne viens pas te donner tes airs socialistes dans ma maison !

– Ta maison ? s'esclaffa méchamment Syd. V'là Sa Grâce Lord Ted de Slingsby. Saluez le duc !

Le majordome toisa son neveu d'un air agressif. Pour la centième fois, il regrettait de ne pas l'avoir élevé lui-même. Le problème des jeunes gens d'aujourd'hui avait souvent inquiété Slingsby, et il lui semblait que, dans Sydney Lancelot Price, toutes les qualités déplaisantes de la jeunesse moderne étaient assemblées en masse. Il respira longuement par le nez.

– J'ai presque envie de te donner une fessée.

Syd n'était pas pour rien membre de la Société de débats de Durham.

– C'est bien c'qui va pas, chez toi. Tu as seulement *presque* envie.

Durant la pénible querelle de famille qui s'ensuivit, le majordome fit de son mieux. Mais il avait affaire à un praticien de la dialectique et avait le dessous dans le dialogue quand il fut sauvé par un nouvel arrivant.

C'était une femme bien pourvue en années et d'aspect quelque peu échevelé. Madame Price arborait sa meilleure robe de satin noir des dimanches et avait appliqué sur sa chevelure un onguent poisseux emprunté au stock de Syd, mais elle n'avait quand même pas l'air très soignée. Son visage était rouge et ses yeux, légèrement vitreux, semblaient avoir quelque difficulté à fixer leur objectif.

Cependant, après avoir cligné une fois ou deux, ils parvinrent à reconnaître les parties en présence et elle leur adressa de sévères reproches.

– Alors quoi, alors quoi, alors quoi ! dit-elle. Qu'est-ce que c'est qu'ce chambard ?

Slingsby se retourna, pas mécontent de trouver un nouvel antagoniste. Un majordome qui se respecte n'aime pas avoir le dessous devant un gamin, et il comprenait avec chagrin qu'il ne pourrait pas gagner face au jeune Syd. Le jeune Syd avait une façon de détourner vos remarques pour vous les renvoyer comme des boomerangs. Le résultat, présumait le majordome, de tout ce temps passé à discuter avec ses amis bolcheviques. Il considéra sa sœur d'un œil accusateur.

– Oh ! fit-il. Alors, te voilà, vieille femme insupportable !

Ma Price s'appuya sur une chaise à sa portée et entra dans la bagarre avec la bravoure d'un vétéran.

– Qui appelles-tu une vi… hic !

– Salut, Ma ! dit Syd.

– Encore un peu faiblarde, à ce que je vois ?

Ma Price se rebella.

– Pas du tout, répondit-elle avec dignité. Si j'ai dû prendre une goutte ou deux en venant, à qui la faute ? Je suis à plaindre, pas à blâmer. Avec un cœur comme le mien.

– Ton cœur est bien en place.

– Je le sais bien, mais il s'emporte. Pourquoi vous disputiez-vous ?

– Oncle Ted veut pas que je dise que je ferais un bon comte.

– Oh ! Y sait rien de rien !

– Et je ne veux pas qu'il traîne dans cette pièce, insista Slingsby avec chaleur. D'ailleurs, je ne le supporterai pas plus longtemps.

Ma Price le considéra d'un air sagace.

– Peut-être que Syd a bien plus le droit d'être dans cette pièce que bien des gens que je connais.

– Que veux-tu dire par là ?

– Peu importe, rétorqua Ma Price d'un air sombre. Je sais ce que je sais.

– Et moi, je sais que vous n'avez rien à faire ici. Retournez à l'office.

Ma Price lâcha sa chaise pour pouvoir croiser dédaigneusement les bras. Ceci la mena si près du désastre qu'elle y reprit appui à la hâte. Il y eut cependant une suggestion de bras dédaigneusement croisés dans sa voix.

– Ne me parle pas de haut, Théodore Slingsby, déclarat-elle. Parce que je ne le supporterai pas. Et si je voulais dire une chose ou deux… Eh bien, je pourrais dire une chose ou deux.

– Alors, viens les dire à l'office. Où crois-tu être ? Dans la salle d'attente d'une gare ?

Syd avait l'air d'un enthousiaste qui s'est procuré un fauteuil de ring pour le combat du siècle.

– Vas-y, Ma ! encouragea-t-il. C'est ton tour. Dis-lui quek'chose de bien senti !

Mais l'humeur de madame Price changea brusquement. Des larmes inondèrent son visage.

– Je ne devrais pas m'avilir comme ça. Personne ne m'aime. C'est ça qui me brise le cœur.

– Allons, Ma.

– Mon frère m'insulte. Mon propre fils ne me regarde même pas.

– Je te regarde, Ma. Et je ne te demande même pas un sou pour ça.

- Mon Dieu ! Mon Dieu ! Mon Dieu !

– Suffit, Ma.

Slingsby se redressa.

– C'est ta faute, dit-il d'un air sévère à son neveu. La laisser se mettre dans un état pareil !

– Fallait bien que j'lui donne quek'chose. Elle a fait une crise.

– Qu'est-ce que Sa Seigneurie va penser, de la voir comme ça ?

Le mot parut faire tinter une cloche dans l'esprit de Ma Price.

– Je veux boire une goutte de porto à la santé de Sa Seigneurie.

– Tu auras du thé, rétorqua fermement le majordome. Et tu l'auras à l'office, vieille ivrognesse. Venez, tous les deux.

– Où est Polly ? demanda madame Price entre ses larmes.

– Elle est sortie dans le parc pour voir les lapins, répondit Syd. Elle en a jamais vu. Enfin, pas des qui courent avec tous leurs boyaux à l'intérieur d'eux. Elle va rentrer pour le thé. C'est c'qu'on appelle l'appel de la nourriture.

– C'est une gentille fille, Polly. Américaine, oui, admit Ma Price en femme qui n'a pas peur de voir aussi bien le mauvais que le bon côté des choses, mais je dis toujours, poursuivit-elle, qu'il faut de tout pour faire un monde. Et on peut dire, pour Polly, que je ne l'ai jamais vue en train de tirer partout et d'assassiner comme le font tout le temps ces Américains dans les films. Une brave fille, tranquille, respectable, j'ai toujours trouvé. Elle n'a jamais tiré sur personne, pour autant que je le sache.

– On peut pas empêcher Ma d'aller au cinéma, expliqua Syd. Elle pense que tous les Américains sont des gorilles de Chicago.

– Ils sortent des revolvers de leurs poches et ils tirent sur les gens, insista madame Price d'un air querelleur. Je n'aime pas ça et, si on me demandait mon avis, ça serait interdit par la loi. Mais Polly n'est pas comme ça, quoiqu'elle soit américaine, comme elle l'admet franchement. Une fille gentille, tranquille et respectable, et habile manucure, aussi. Tu pourrais faire pire que d'épouser Polly, Syd. Elle ferait une bonne épouse. Elle est bien, Polly. Elle tire sur personne.

– Suis pas homme à me marier, Ma, déclara gravement Syd. Trop occupé par les affaires. Pas de temps pour les filles. Mes ciseaux, v'là ma p'tite amie.

– Tout ce que je demande, continua madame Price, en changeant de thème, c'est un peu d'amour.

– Moi aussi. Et un toast beurré. Viens, Ma. Tu te sentiras une autre femme quand t'auras pris ton thé.

– Où est Sa Seigneurie ? Je veux le serrer dans mes bras.

– Tu le serreras dans tes bras plus tard, trancha Slingsby énervé. Viens ! De toutes les parentes exaspérantes dont un majordome peut être affligé…

La porte se referma. La paix descendit sur le salon.

CHAPITRE QUATRE

Ce n'était pas seulement sur le salon que la paix étendait ses douces ailes. L'après-midi en était maintenant arrivé à ce point où, quand par accident le temps est beau en Angleterre, une sorte de charme magique tombe sur toute la création. Le monde semblait endormi. Les oiseaux gazouillaient mollement dans les buissons. Une fraîcheur humide était dans l'air, prometteuse de crépuscule et de repos.

Dans ce calme velouté le rugissement soudain qui retentit dehors avait quelque chose d'apocalyptique. En lui-même, c'était un bruit assez ordinaire en ces jours de puissants moteurs, composé du « tut tut » d'un klaxon, d'un grincement de freins et d'un cri étonné ; mais, en cet instant, son effet fut fracassant. Il tonna comme un événement majeur.

Le silence suivit. Un horrible silence. Puis, sur le gravier, on entendit un raclement de pas et, par la porte-fenêtre, toujours en manches de chemise, apparut Lord Droitwich, marchant délicatement, car il portait une fille dans ses bras. Il regarda autour de lui ; vit le canapé et, l'ayant amenée jusque-là, la déposa sur les coussins. Cela fait, il recula d'un pas et, s'essuyant le front, la considéra avec appréhension.

– Oh, misère ! dit-il.

Elle restait allongée, les yeux clos. Elle faisait penser à un oiseau blessé. C'était une fille petite, fragile, avec des traits piquants et une bouche qui paraissait à Sa Seigneurie être la sorte de bouche qui, si elle se rouvrait jamais en ce monde, devait sourire facilement.

– Oh, mon Dieu ! ajouta Lord Droitwich. Oh, ma tante !

En désespoir de cause, il prit l'une des mains molles et la tapota vigoureusement. Il lui sembla frapper un papillon. Mais, finalement, les yeux s'ouvrirent.

C'étaient des yeux singulièrement attirants. Grands et doux, de la couleur d'un vieux xérès, mais Tony n'était pas en état de s'y connaître en yeux. Il aurait été tout aussi content s'ils avaient ressemblé à des yeux de morue. La seule chose qui lui importait était qu'elle les avait ouverts.

– Salut ! dit-elle.

Sa voix aussi était agréable. Basse et musicale, avec juste un soupçon d'accent étranger qui la rendait encore plus plaisante. Mais Tony, aveugle aux yeux, était sourd aux voix. Il continua à s'éponger le front en silence.

La fille regarda autour d'elle.

– Oh ! fit-elle comme en se souvenant.

Tony la considéra avec soulagement et respect.

– Savez-vous, dit-il, que vous êtes la fille la plus merveilleuse que j'aie jamais rencontrée.

Elle sourit. Il avait eu raison pour sa bouche. Elle s'ouvrait, à la moindre provocation, en un délicieux sourire.

– Moi ? Pourquoi ?

– D'abord, parce que vous souriez après qu'une énorme voiture vous a renversée. Et deuxièmement, parce que vous n'avez pas dit : « Où suis-je ? »

– Mais, je sais où je suis.

Tony respira à fond.

– Et moi, je sais où je devrais être, avoua-t-il. Au tribunal, avec le juge coiffant sa toque noire et disant « Prisonnier à la barre ». Arrêtez-moi si vous la connaissez déjà…

– Ce n'était pas votre faute. J'ai jailli des buissons juste sous vos roues.

– Vous avez jailli, n'est-ce pas ?

– J'aurais dû faire plus attention.

– Moi aussi. Dites-moi. Vous passez tout votre été dans les buissons ?

– Il y avait un écureuil, par là. Je voulais y jeter un coup d'œil. N'aimez-vous pas les écureuils ?

– Je ne crois pas en connaître beaucoup.

– J'en avais vu assez souvent à Central Park, mais jamais d'aussi près.

– Central Park ? Oh, vous voulez dire à New York ?

– Oui.

– Vous arrivez de New York ?

– J'y ai vécu toute ma vie avant de venir ici.

– Qu'est-ce qui vous a amenée par ici ?

– J'ai toujours eu follement envie de connaître d'autres pays, et j'ai pensé que le plus simple serait de commencer par l'Angleterre, à cause de la langue.

– Je vois.

– Alors, quand j'ai eu mis assez d'argent de côté pour payer le voyage, je suis venue.

– Terriblement courageux.

– Eh bien, ça a très bien marché. J'ai un bon travail chez monsieur Price.

La lumière se fit en Tony.

– Oh, vous travaillez au salon de Syd ?

– Oui. Je suis manucure. Connaissez-vous monsieur Price ?

– Depuis des années.

– Bien sûr, c'est forcé, puisque vous travaillez ici. Je suppose qu'il vient souvent.

– Assez souvent. Sa mère était la nourrice de Lord Droitwich.

– Je sais. C'est drôle de penser que lui et Lord Droitwich ont été bébés ensemble. Il y a dû y avoir un moment où on ne pouvait pas les distinguer l'un de l'autre. Et maintenant, il y a monsieur Price dans un salon de coiffure, et Lord Droitwich dans cette merveilleuse maison…

Elle s'interrompit.

– Dites, écoutez. Vous n'allez pas avoir d'ennuis pour m'avoir amenée ici ?

– Cela me rappelle, dit Tony, j'aurais dû vous le demander plus tôt. Êtes-vous blessée ?

La fille soupesa la question.

– Je me sens un peu drôle.

Tony lui prit le bras et le fit bouger.

– Est-ce que ça fait mal ?

– N…on, fit-elle d'un air de doute. Mais mon genou si.

– Puis-je regarder ? Je veux dire… Les genoux ne sont plus secrets, de nos jours.

– Je suppose que non. Mais faites attention.

Elle baissa son bas.

Il l'inspecta gravement.

– Un peu écorché. Je vais vous chercher de l'eau chaude.

Il alla à la table à thé et revint avec un mouchoir dégoulinant qu'il posa doucement sur la plaie.

– Hurlez si c'est trop atroce, conseilla-t-il.

– C'est parfait.

Elle regarda autour d'elle.

– Quel endroit formidable, reprit-elle. Ce doit être agréable de travailler pour Lord Droitwich. Il paraît que c'est un as.

– Qui dit cela ?

– Madame Price. Elle ne tarit pas d'éloges sur lui. Elle prétend que c'était le plus joli bébé qu'on ait jamais vu. Elle a une photo de lui, tout nu sur un grand coquillage.

– Dégoûtant !

– Pas du tout, contra-t-elle avec chaleur. C'était un joli bébé. Une si gentille petite bouille. Il n'est pas marié, n'est-ce pas ?

– C'est pour bientôt, je crois.

– Ah ! Je pensais bien qu'une fille lui mettrait le grappin dessus un jour ou l'autre.

Tony tressaillit, mal à l'aise.

– Qu'y a-t-il ? demanda la jeune fille.

– Oh, rien.

Tony mit le mouchoir trempé dans sa poche et se leva. La fille remonta son bas. Elle agita doucement son genou.

– C'est bien mieux, annonça-t-elle.

Tony avait le front légèrement plissé. Il sentait qu'un homme nouvellement fiancé aurait dû recevoir un peu plus d'encouragements qu'on ne lui en avait prodigués aujourd'hui. D'abord Freddie et son infernal « Oui… et non » et maintenant cette fille avec ses expressions sinistres.

– Pourquoi lui mettrait-on le grappin dessus ? observa-t-il.

– Pour son titre.

Tony grimaça un sourire. Oui, indéniablement, on lui rendait les choses un peu difficiles.

– Vous ne pensez pas qu'il soit dans le domaine des choses possibles, demanda-t-il, que la fille puisse aimer Lord Droitwich pour lui-même et c'est tout ?

Elle secoua la tête avec décision et ses cheveux bruns dansèrent devant ses yeux.

– Pas une fille de la société. J'en ai trop vu. Je fais leurs mains, vous voyez. Bien sûr, c'était à New York, mais je ne pense pas que les filles de la société soient différentes par ici.

– Elles se confiaient à vous, les filles de la société ?

– Pas ce qu'on appelle se confier. Mais elles parlaient comme si je n'étais pas là. Dures ? C'est sûr. Moi je les appelle des agrippeuses.

L'inconfort de Tony s'accrut.

– Et comment, exactement, une fille agrippe-t-elle un homme ?

– Oh, en le flattant. En faisant semblant d'être timide. Ce genre de chose. Prétendre être pleine de sympathie. En jouant un autre homme contre lui…

– Bertie Smethurst !

– Quoi ?

– Rien, fit Tony. Juste une exclamation. Seulement un cri du cœur. Continuez.

– Je suppose que, dans un endroit comme celui-ci, elle l'emmènerait faire des promenades au clair de lune…

Tony se frotta le menton.

– Freddie avait raison, dit-il d'un air désabusé.

– Freddie ?

– Mon frère.

– Il travaille ici aussi ?

Tony rit.

– Travailler ? Vous ne connaissez pas l'oiseau. Il ne file ni ne moissonne.

Elle écarquilla les yeux.

– Écoutez, demanda-t-elle. Qui êtes-vous ? Vous ne parlez pas du tout comme un chauffeur ordinaire.

– Bonsoir, Votre Seigneurie, fit la voix de Ma Price derrière eux.

Elle hoqueta perceptiblement.

– Je vous ai cherché partout.

La fille s'était mise debout d'un bond. Ses yeux regardaient avec reproche l'auditeur de ses confidences imprudentes.

– Votre Seigneurie ? répéta-t-elle.

– Je suis désolé, déclara Tony. Hello, Nannie.

– Ce n'est pas juste !

– Je sais. Je suis désolé.

– Vous moquer de moi, comme ça.

Madame Price prit un ton guindé.

– Ne soyez pas insolente avec Sa Seigneurie, Polly. Se moquer de vous, vraiment !

– Nannie, intervint Tony, je rougis de dire que je me suis moqué d'elle. Vous devez m'avoir bien mal élevé.

– Je suis sûre, Milord, se rebella madame Price, se rebellant, que je vous ai donné tout l'amour et tous les soins dont un bébé a besoin.

– Mais pas assez de fessées. Voilà le résultat. J'ai menti à cette jeune dame. J'ai menti, je vous le dis. J'ai menti. Mon Dieu !

Il couvrit son visage de ses mains. Polly se mit à rire. Madame Price devint plus sévère.

– Vous avez retourné Sa Seigneurie.

– Non, déclara Tony. C'est moi qui l'ai retournée. C'est comme ça que nous nous sommes rencontrés.

– Bon. Tout ça m'a l'air bien bizarre, dit madame Price sur un ton austère. Si vous me demandez si j'aime ça, je vous répondrai franchement non.

Elle allait développer ce thème mais, à ce moment, la porte s'ouvrit et Slingsby apparut.

– Oh ! Encore là ! Ne t'ai-je pas dit…

Il aperçut Tony, et ses manières perdirent leur feu généreux et devinrent majordomesques.

– Je vous demande pardon, Milord. Je n'étais pas conscient que Votre Seigneurie était présent.

– Ce n'est rien, Slingsby.

– Puis-je faire remarquer, avec toute l'insistance possible, Milord, que je ne suis pour rien dans le fait que cette femme apparaisse sans cesse n'importe où, comme un lapin sort de son trou ?

– Ce n'est rien. Nous bavardions gentiment.

– Très bien, Votre Seigneurie.

Tony se tourna vers Polly.

– Au fait, nous n'avons pas été présentés. Mon nom est Droitwich. Lord.

Polly lui dédia son sourire si facile.

– Le mien est Brown. Polly.

– Comment allez-vous, miss Brown ?

– Ravie de vous rencontrer, Lord Droitwich.

Ils se serrèrent la main. Et, à ce moment, Lady Lydia Bassinger entra, suivie de Sir Herbert.

Lady Lydia s'arrêta sur le seuil. Madame Price n'était pas de ses préférées et à cet instant elle semblait remplir le salon. En prélude aux reproches à miss Polly Brown pour ce qu'elle considérait comme une légèreté et une familiarité inacceptables, elle avait commencé à s'enfler démesurément et il parut à Lady Lydia qu'elle occupait bien trop d'espace cubique pour quelqu'un de sa condition.

– Ah, Price, fit-elle avec hauteur. Comment allez-vous ?

Madame Price s'inclina.

– Très bien, merci, Milady. À part mon cœur qui s'emballe.

– Dommage, remarqua froidement Lady Lydia. Il faut faire quelque chose.

– Voici miss Brown, Tante Lydia, intervint Tony. Je l'ai traînée sur soixante-deux mètres soixante avec ma voiture. Record européen.

Pour une visiteuse d'outre-mer, Lady Lydia pouvait être gracieuse.

– J'espère que vous n'êtes pas blessée, ma chère, dit-elle aimablement. Mon neveu, quand il est derrière son volant, est un danger public. Vous êtes manucure au salon du jeune Price, n'est-ce pas ? Il faudra que je vous confie mes mains la prochaine fois que j'irai à Londres.

– Et si, reprit madame Price, soudain décidée à adresser ses remarques à Sir Herbert et le fixant avec l'œil d'un vieux marin, vous me demandez pourquoi mon cœur s'emballe…

– Je ne vous demande rien, dit Sir Herbert avec un mouvement de recul.

Lady Lydia vint au secours de son conjoint agressé.

– Slingsby, ordonna-t-elle, emmenez donc Price à l'office et donnez-lui du porto ou ce qu'elle voudra.

– Tout ce que je veux est un peu d'amour et d'affection, affirma l'invitée d'honneur en s'essuyant les yeux avec un mouchoir souillé. Je pourrais vous dire un mot, Milord ?

– Je viendrai vous voir plus tard, Nannie, répondit Tony.

Il était évident pour lui que sa tante Lydia en avait jusque-là de la société de madame Price.

– Je dois rentrer ma voiture au garage.

– Slingsby ! réitéra Lady Lydia avec autorité.

– Je vois, reprit l'éplorée qui s'effondra un peu plus. Votre voiture passe avant moi. Après tout ce que j'ai fait pour vous.

Lady Lydia et Sir Herbert échangèrent un coup d'œil.

Le majordome connaissait trop bien sa place pour jeter un regard sympathique et compréhensif dans sa direction, mais il souffla pour lui exprimer qu'il savait bien ce qu'elle ressentait.

– Très bien, Milady.

Il se tourna vers sa sœur.

– Viens, s'il te plaît. Ne fais pas l'idiote.

Juste comme Lady Lydia avait appelé Slingsby d'un regard, un moment plus tôt, maintenant celui de Slingsby appela Polly. Il ne connaissait pas Polly depuis longtemps, mais il en savait assez d'elle pour être sûr qu'il pouvait lui faire confiance dans une pareille situation.

Et sa confiance était bien placée. Obéissant à l'appel silencieux, Polly Brown s'approcha de madame Price, lui prit le bras et l'emmena dehors.

– Venez, madame Price, dit-elle aimablement. Cela vous fera du bien de vous asseoir et de vous reposer un moment.

Madame Price y réfléchit. Elle parut douter.

– Ouais. D'accord. Mais, si vous vouliez, je pourrais…

– Price ! cria sèchement Sir Herbert.

La femme blessée le regarda comme si elle le voyait pour la première fois.

– Bon, comme vous voulez, Sir Rerbert *(Herbert ? ou volontaire ?)*. Je disais seulement…

– Peu importe ce que vous disiez, interrompit Lady Lydia. Lord Droitwich vous verra avant que vous ne partiez.

– Bien entendu, acquiesça Tony.

Ma Price secoua la tête. Une tête sur laquelle, comme sur celle de Mona Lisa, on lisait tous les chagrins du monde.

– Il ne m'aime plus du tout… Plus du tout.

– Stupidité !

C'était Sir Herbert qui parlait.

– Bien sûr qu'il vous aime. Maintenant, retirez-vous, ma brave dame… Dites-moi, vous avez bien touché votre pension, n'est-ce pas ?

– Oh oui, j'ai touché ma pension. Mais, quelquefois, je me demande si ça vaut le coup. C'est comme vendre son droit d'aînesse pour une assiette de porridge.

Avec un dernier sanglot, elle laissa Polly la mener hors de la pièce. Slingsby fermait la marche avec, dans ses manières, un mélange de refus d'être associé à cette scène et d'excuses pour avoir une telle sœur.

Tony la regarda partir, interloqué.

– Mais qu'est-ce qu'elle a voulu dire ?

– Rien, rien.

Sir Herbert secoua la tête, irrité, comme s'il chassait une mouche.

– Elle est pompette. Il vaudrait mieux l'emmener dans ton boudoir, Lydia, et l'y garder jusqu'à ce qu'elle rentre chez elle.

– Oui. Je crois que tu as raison.

Tony les contempla tous deux avec ahurissement.

– Dieux du ciel ! s'écria-t-il. Pourquoi ? Que se passe-t-il ?

– C'est une vieille folle trop bavarde, dit brièvement Sir Herbert. Et, dans sa condition présente, Dieu seul sait ce qu'elle pourrait raconter aux servantes.

– Que pourrait-elle dire ?

– Oh, je ne sais pas.

Sir Herbert se trémoussa, mal à l'aise.

– Elle est tout à fait capable d'inventer des histoires à propos de ton père…

– Pourquoi mon père ?

– Ou moi. Ou n'importe qui. Pour l'amour du ciel, arrête de poser des questions.

Tony n'y comprenait rien.

– Mais pourquoi es-tu si nerveux ?

– Nerveux ? C'est idiot. Je ne suis pas nerveux.

Tony haussa soudain la voix.

– Seigneur ! J'ai compris, Oncle Herbert ! Ma Price fait partie de ton honteux passé.

– Ne sois pas idiot, Tony, intervint Lady Lydia.

– Dépêche-toi, Lydia ! insista Sir Herbert. Ne reste pas là à perdre du temps. Va la chercher et garde-la avec toi jusqu'à ce qu'elle s'endorme. Elle est peut-être déjà en train de parler.

Quand la porte se referma derrière Lady Lydia, Tony se retourna jovialement vers son oncle, bien décidé à aller jusqu'au fond de cette histoire.

– Maintenant, Oncle Herbert, regarde-moi dans les yeux. Est-ce que cette bonne dame a compté pour toi, il y a vingt-cinq ans ?

Sir Herbert ricana.

– Bien sûr que non. Il y a vingt-cinq ans, j'étais avec une superbe danseuse de music-hall.

– Hum ! fit Tony. Dois-je te croire ou pas ? Tes manières évasives incitent au soupçon. Je me suis toujours demandé pourquoi tu voulais tellement faire une pension à Ma Price.

– Bon Dieu, mon garçon ! Une fidèle servante n'a-t-elle pas droit à une pension ?

– Oh, je ne discute pas là-dessus. J'aime beaucoup Ma... Spécialement de loin. Pas tellement Syd, son rejeton. Je le soupçonne de dire du mal de l'aristocratie à Hyde Park. Il me regarde d'un œil accusateur, comme s'il pensait que moi et mes semblables nous bloquons les roues du progrès. Il serait moins sévère s'il savait comme c'est fatigant d'être un comte. J'aimerais bien qu'il le soit un moment.

– Bon Dieu !

Le cri de Sir Herbert était presque un gémissement.

– Ne dis pas ça !

– Oui, je le pense. J'en ai par-dessus la tête de tous ces types qui pensent qu'un comte n'a pas un souci au monde. Je suppose qu'ils croient que le domaine se gère tout seul. Si Syd Price se trouvait soudain dans mes souliers…

– S'il te plaît ! S'il te plaît !

– Mais quoi, enfin ? Pourquoi trembles-tu comme ça ?

– Je ne tremble pas.

– Tu trembles comme une belle fleur par grand vent, Oncle Herbert, et ce que je veux savoir…

– Oh, vous voilà !

La tête de Ma Price venait de s'insinuer dans l'embrasure de la porte. Sir Herbert Bassinger la fixa comme si elle avait appartenu à Méduse.

– Bon Dieu ! grogna-t-il. Que fait donc Lydia ?

CHAPITRE CINQ

Ma Price se glissa timidement dans la pièce. Elle avait, à la main, un verre de porto à demi vide auquel il fallait sans doute attribuer son radical changement d'humeur. Était-ce ou non pour le meilleur ? Nul ne pouvait le dire. Des profondeurs de son désespoir, elle était remontée à un enthousiasme réel, presque exubérant. Elle semblait ne voir que des frères dans toute l'humanité.

– Puis-je entrer ? Vous êtes là.

Elle eut un petit rire aimable.

– Eh bien, mon chéri, poursuivit-elle en béant sur Lord Droitwich, maintenant, nous pouvons bavarder un peu.

Tony recula d'un pas. Elle marchait d'une manière un peu erratique, mais il était évident qu'elle essayait de se mettre en position pour l'embrasser.

– S'il vous plaît, Nannie, supplia-t-il. Pas maintenant. Je suis fiancé.

Ma Price pouffa.

– Je le sais bien, mon chéri. Tout le monde ne parle que de ça. Et j'espère que vous serez très heureux. Trois bons vieux hourras… Hic !

Elle s'interrompit et lança à Sir Herbert un regard de reproche.

– Oh, Sir Rerbert ! Je suis surprise.

– Qu'est-ce que j'ai bien pu faire ? demanda cet homme épuisé.

– Eh bien, vous… hic ! Ce que vous avez fait.

– Vous feriez mieux d'aller vous étendre, madame Price, conseilla Sir Herbert.

Ces mots, pour une raison inconnue, parurent toucher la fierté féminine de l'intruse. Elle se redressa dédaigneusement et son amabilité souffrit d'une éclipse momentanée.

– Non. J'vais bien, dit-elle avec dignité. Allez-vous-en. J'ai trop longtemps obéi à vos ordres, Sir Rerbert Bassinger !

– Voyons, madame Price. Je ne vais pas accepter vos sottises.

Il se retourna vers la porte par laquelle Lady Lydia entrait en hâte.

– Pourquoi diable l'as-tu laissée partir, Lydia ?

– Je ne l'ai pas trouvée. expliqua simplement sa femme. Quand je suis arrivée à l'office, elle avait disparu. Apparemment, elle s'est promenée à travers la maison tout l'après-midi.

Polly Brown apparut sur le seuil.

– Oh, vous l'avez trouvée, fit-elle.

Tony la regarda, étonné.

– Vous jouez à cache-cache ? demanda-t-il.

L'amabilité de Ma Price, naguère détériorée par sa rencontre avec Sir Herbert, était maintenant complètement restaurée.

– Ladies et gentlemen, déclara-t-elle en posant la main sur une table serviable. J'ai quelques mots à dire. Puisque nous sommes tous rassemblés, je bois à ce cher garçon et à sa future épouse. Que leurs ennuis soient tout petits. Hic !

Elle se redressa et ajouta, avec reproche.

– Oh, Lady Lidgier… Vous aussi !

Le commentaire de Lady Lydia fut bref.

– Quelle femme dégoûtante !

Une fois de plus, toute amabilité quitta madame Price. L'humeur lacrymale revint en force à ce qu'on pourrait décrire comme la phase un.

– Je suis dégoûtante ?

Elle pointa un doigt tremblant vers Tony.

– Allez-vous la laisser me dire des choses pareilles ? J'en ai marre, vraiment ! J'ai bien envie de tout dire et de soulager ma conscience.

Sir Herbert jeta un regard épouvanté à Lady Lydia.

– Maintenant, écoutez-moi, ordonna-t-il en s'adressant sévèrement à madame Price comme si ce regard échangé l'avait revigoré. Je ne veux plus de sottises. Vous allez dans la bibliothèque et vous vous y étendez.

Ma Price se recula loin de lui.

– Ne posez pas vos mains sur moi ! hurla-t-elle. C'est vous qui m'avez obligée, tout ce temps, à accepter vot'argent et à faire taire la voix d'ma conscience. Éloignez-vous de moi !

Polly s'avança.

– Je m'en charge, dit-elle calmement. Venez, madame Price. Il y a un canapé confortable dans la bibliothèque et je vais arranger vos cheveux pour que vous soyez jolie pour le souper.

– Vous êtes une brave fille, Polly, marmonna la malheureuse en se laissant emmener. N'avez jamais tiré sur personne, je l'ai dit à Syd.

Ce nom sembla attiser l'ancien feu. Elle se tourna vers Sir Herbert.

– Pauvre Syd ! Quand je pense au mal que j'ai fait à ce pauv'garçon et qu'il est si gentil avec moi… Oui, Sir Rerbert Bassinger, si ça avait pas été pour vous… Hic !

– Ce sera tout, madame Price.

– Croyez ?

Ma Price semblait en douter.

– Hic ! Z'avez tort, vous savez. Si j'ai le hoquet, c'est vous qui m'l'avez donné.

Sur cette flèche de Parthe, elle disparut, bousculant Freddie qu'elle croisa à la porte. Freddie, qui arrivait dans le salon parce qu'il lui semblait qu'il était l'heure où les cocktails étaient susceptibles de faire leur apparition, la regarda en fronçant les sourcils.

– À moins que mes yeux ne me trompent, cette femme est pintée.

– Bien sûr qu'elle est pintée, affirma Sir Herbert avec irritation.

– Pourquoi ne pas la renvoyer à son fichu fils en lui demandant de la reprendre ?

Lady Lydia poussa un cri aigu.

– Elle ne doit pas approcher de son fils !

– Hein ? Que se passe-t-il ? demanda Freddie, perplexe.

Tony s'avança, le visage sombre.

– C'est ce que je veux savoir, dit-il. Il y a un mystère là-dedans.

– Non, non, non, s'écria Sir Herbert.

– Si, si. Vous me prenez pour un idiot ? Qu'est-ce qu'elle disait à propos de conscience et d'argent ?

– Herbert !

Lady Lydia s'était effondrée sur une chaise. Elle avait l'air d'une femme qui abandonne la lutte.

– Herbert, il a le droit de savoir.

– Lydia !

– Oui, il a le droit. Et Freddie aussi. Je ne peux plus supporter cela.

– Eh, il me faut des notes de bas de page, remarqua Freddie. Je commence à me sentir comme le héros d'un roman d'Edgar Wallace, à me demander lequel d'entre vous est l'Abominable Étrangleur et lequel est le Machin-Chouette aux Yeux Verts.

– La vieille folle est assez inoffensive quand elle est sobre, assura Sir Herbert, mais, dans cet état, elle me fait peur.

– Je me demande bien pourquoi quelqu'un d'adulte pourrait avoir peur d'une nurse, dit Freddie.

– Raconte-leur, Herbert, insista Lady Lydia.

– Oui, adjura Tony. J'attends, Oncle Herbert.

– Oh, très bien, capitula Sir Herbert Bassinger.

CHAPITRE SIX

Il alla à la porte, l'ouvrit, regarda dehors. Il alla aux portes-fenêtres et regarda à l'extérieur. Freddie considérait ces manœuvres mélodramatiques d'un œil moqueur et semblait prêt à les commenter défavorablement, quand Sir Herbert, satisfait de voir que la réunion restait secrète, s'installa, dans l'attitude immémoriale du gentleman anglais, devant la cheminée, les mains derrière le dos, et parla.

– Tony, commença-t-il, que sais-tu des circonstances de ta naissance ?

Tony fronça les sourcils. Il était dérouté, et il détestait être dérouté.

– Je suis né aux Indes…

– … Où les parents de notre héros étaient stationnés à l'époque, ajouta Freddie. Étant un enfant fragile, il fut envoyé en Angleterre, à la charge d'une ayah[1]…

– Faux, interrompit Sir Herbert. Tony n'est pas né aux Indes.

– Alors, constata Freddie, les archives familiales se sont payé ma tête.

Lady Lydia leva les yeux.

_____

1. Nourrice indigène (ndt).

– Dis-lui, Herbert, soupira-t-elle.

Sir Herbert Bassinger déglutit avec difficulté, comme un homme avalant une médecine amère.

– Très bien, dit-il. Tony, tu es né au-dessus d'une boutique de barbier, dans Mott Street, à Knightsbridge.

Tony cligna des yeux.

– Quoi ! Mais qu'est-ce que ma mère…

– Si, par ta mère, dit Sir Herbert, tu veux parler de feue Lady Droitwich, elle n'a rien à voir ici.

L'Honorable Freddie Chalk-Marshall ne put en supporter davantage. Ceci, à son avis, était excessif. Il regarda sévèrement son interlocuteur.

– Oncle Herbert, affirma-t-il, tu as bu un verre de trop.

– Dis-lui, réitéra Lady Lydia. Arrête de tourner autour du pot.

Sir Herbert expliqua qu'il essayait d'annoncer ça doucement.

– Eh bien, n'essaie pas, enjoignit Lady Lydia.

– Non, approuva Tony. Fais exploser ta bombe et enterre-moi sous les fragments.

Sir Herbert sembla encore avaler une gorgée de sa mauvaise médecine. Il s'étrangla, l'air malheureux. Puis, il prit son courage à deux mains.

– Très bien, dit-il. Cette vieille femme, madame Price, est ta mère.

– Mon Dieu ! Tu veux dire ?...

– Non. Tu n'es pas illégitime. L'affaire est bien pire que ça.

– Pire ? Comment pourrait-elle être pire ? Si j'étais illégitime, je n'aurais aucun droit au titre.

– Tu n'as aucun droit au titre, annonça Lady Lydia.

– Vous êtes fous, tous les deux ?

Sir Herbert poussa un grognement.

– C'est assez simple, mille diables. Le bébé Droitwich fut envoyé des Indes et placé chez une nourrice. Naturellement, cette femme avait un enfant pratiquement du même âge que lui.

– Oh, mon Dieu !

Tony passa une main fiévreuse dans ses cheveux.

– Je vois ce que tu veux dire. Le bébé Droitwich est mort, et je…

– Le bébé Droitwich n'est pas mort. Il est toujours vivant aujourd'hui.

– Vivant ? Où ?

– Là-bas, à l'office, dit Sir Herbert. C'est Sydney Price, le barbier.

Dans le silence qui suivit cette révélation, s'éleva un cri de douleur presque animal. Il ne provenait pas de Tony, qui fixait Sir Herbert d'un air hébété. Cette plainte amère échappa à l'Honorable Freddie.

– Syd Price est mon frère ? s'écria-t-il horrifié.

– Ce n'est pas vrai, proféra Tony. Ça ne peut pas être vrai.

– Si, Tony. J'en ai bien peur. C'est tout à fait vrai, confirma Lady Lydia.

Freddie luttait toujours contre son malheur personnel.

– Mais, il ne peut pas être mon frère ! marmonnait-il. Il porte un nœud de cravate tout fait.

Tony alla jusqu'à la fenêtre, regarda dehors et revint vers le groupe. Il s'assit sur le canapé. Son visage était blanc.

– Je crois que vous feriez mieux de m'expliquer, dit-il. Êtes-vous sûrs de cela ?

– Tout à fait sûrs.

– Depuis combien de temps le savez-vous ?

– Depuis que tu as seize ans.

Les sourcils de Tony se levèrent.

– Depuis douze ans ! Vous l'avez bien caché. Comment se fait-il que vous l'ayez su juste à ce moment-là ?

– Ceci est parfaitement simple. Il y a eu un accident sur une ligne de chemin de fer de banlieue et madame Price y a été secouée. Elle n'était pas blessée, mais le choc lui donna une espèce d'attaque cardiaque.

– Elle pensait qu'elle allait mourir, expliqua Lady Lydia.

– Alors, elle a envoyé chercher Droitwich, poursuivit Sir Herbert. Pour lui raconter l'histoire. Une crise de remords, tu comprends. Le repentir sur son lit de mort, quelque chose comme ça.

– Je vois, dit Tony.

– J'étais à mon club quand il m'a appelé et m'a demandé de venir à Knightsbridge. Il était très agité, mais il ne voulait rien dire au téléphone… Disait que ce n'était pas prudent. Alors, j'ai pris un taxi et je suis allé au salon de coiffure, et là Droitwich a demandé à madame Price de recommencer son histoire… D'où il ressortait que, pendant l'année et demie passée avant que Droitwich et sa femme ne reviennent des Indes, elle avait substitué son bébé au leur.

– Je vois, répéta Tony.

Freddie se débattait toujours contre sa malédiction.

– Mais enfin, zut, on ne peut pas faire ce genre de chose, protesta-t-il. N'y avait-il aucune ressemblance familiale ?

– Je crois que l'enfant était censé ressembler à son père. Mais, dit Sir Herbert, tous les nouveau-nés ressemblaient à Droitwich.

– Tu connais le type commenta Lady Lydia. Rond et rose et vague.

Freddie n'était pas encore battu.

– Mais n'y avait-il aucune marque sur ces fichus bébés ? gémit-il. Il devait y avoir des signes particuliers. Tout le monde a des signes particuliers. On les voit sur les passeports.

Sir Herbert hocha gravement la tête.

– J'y venais. C'est ce qui rend la chose certaine. L'enfant Droitwich avait une méchante cicatrice sur le bras, quand il quitta les Indes. Quand les parents revinrent, un an et demi plus tard, la cicatrice avait disparu. La nourrice Price leur expliqua qu'elle avait disparu graduellement. Quatorze ans plus tard, le garçon qu'on appelle Syd Price portait encore cette cicatrice.

– Alors, très bien, dit Tony. Si vous étiez tous deux convaincus, il fallait…

– Attends, interrompit Lady Lydia. Il y arrive.

– Lady Droitwich, reprit Sir Herbert, était alors dans un état de santé préoccupant. Si nous lui avions enlevé le garçon qu'elle prenait pour son fils, le garçon qu'elle idolâtrait, pour essayer de lui substituer un abominable petit outsider, le choc aurait pu la tuer. Toute la nuit, Droitwich et moi nous sommes demandé ce qu'il fallait faire. Puis, j'ai eu une idée. Supposons que nous lui amenions le garçon. Que nous le laissions seul avec elle. Sûrement, l'instinct maternel se ferait jour… Elle sentirait certainement un lien…

– Et elle l'a senti ?

– Dès le moment où elle a posé les yeux sur lui, déclara solennellement Sir Herbert, elle a affirmé que c'était le plus atroce petit chenapan qu'elle ait jamais vu.

– Elle ne pouvait pas le supporter, ajouta Lady Lydia.

– Et, quand son mari essaya de suggérer qu'ils pourraient adopter le gamin, elle a immédiatement soupçonné une relation de la main gauche. Je crois qu'elle a mené une vie impossible à ce propos au pauvre Droitwich.

Sir Herbert Bassinger respira à fond et passa un doigt dans son col. Il semblait heureux d'avoir enfin achevé son récit.

– Est-ce tout ? demanda Tony.

– Oui. C'est tout.

– Et c'est bien assez ! assura Freddie.

– J'ai conseillé à Droitwich de laisser les choses en l'état. Nous avions, d'un côté, lui ai-je fait remarquer, un enfant éduqué en vue de la position qu'il devait occuper… bien élevé, bonnes manières…

– Tu as des manières charmantes, Tony, intervint Lady Lydia.

– Et de l'autre côté, il y avait cet autre garçon. Inculte, sans éducation, un jeune type sacrément désagréable.

– Amen ! psalmodia Freddie.

Tony s'agitait fiévreusement sur le canapé.

– Mais, qu'est-ce que je vais bien pouvoir faire ?

– Faire ?

Lady Lydia répondit sans aucune hésitation.

– Il n'y a qu'une chose à faire.

– Exactement, renchérit Sir Herbert. Reste tranquille et fais bien attention à faire en sorte que cette damnée femme garde le silence.

– Mais, enfin !

Tony le dévisagea.

– Je ne peux pas…

Freddie vint vers lui et, lui ayant tapoté l'épaule d'une main amicale, le fit bénéficier de sa docte sagesse.

– Ne fais pas l'andouille, mon vieux, recommanda-t-il d'un air de reproche. S'il y a jamais eu un temps pour ne pas te conduire comme un sinistre crétin, c'est bien maintenant. Remets-toi, mon pote. Même si tu as envie de changer de place avec Syd Price, pense un peu à moi. Vas-tu délibérément m'obliger à avoir un frère pareil ?

— Vraiment, Tony, dit Lady Lydia, si le propre père de ce garçon pensait qu'il était judicieux de laisser les choses comme elles étaient, je ne vois pas pourquoi tu t'en inquiéterais.

— Voilà qui est parler en homme, Tante Lydia, approuva Freddie.

— M'en inquiéter ?

Tony se tourna vers Sir Herbert.

— Eh bien… Tu ne t'en es jamais inquiété ?

— Jamais ! Je fais tout ce que je peux pour ce jeune homme. Il me coupe les cheveux deux fois par mois, quand je vais à Londres…

— Et je le recommande à toutes mes amies, ajouta Lady Lydia. C'est ce qui lui a permis d'ouvrir un salon pour dames.

— Et, s'il n'avait pas de salon pour dame, remarqua Freddie, il n'aurait jamais rencontré ce ravissant petit lot qu'il a amené ici aujourd'hui. Nous avons vraiment beaucoup fait pour lui.

Tony émit un rire bref.

— Oh, personne ne peut critiquer votre parfait altruisme, dit-il. Mais, tout de même…

Il s'interrompit. Quelqu'un venait de frapper à la porte. Un silence tomba sur la pièce. Le Conseil de famille échangea des regards.

— Entrez, fit Tony.

Polly Brown entra. Et, quand elle apparut, un soupir de soulagement muet sortit d'au moins trois des poitrines présentes. Lady Lydia exprima le sien en souriant gentiment à la jeune fille.

Polly était calme et tranquille.

– Puis-je vous parler un moment, Lady Lydia ?

– Bien sûr. De quoi s'agit-il ?

– Ce que je voudrais vous demander, si vous voulez bien me répondre, reprit Polly, c'est, y a-t-il quelque chose de vrai dans l'histoire que raconte madame Price ?

CHAPITRE SEPT

Un silence consterné suivit cette question dévastatrice. Il fut rompu simultanément par Sir Herbert et Lady Lydia. Sir Herbert fit un étrange bruit étranglé, comme un mouton qui s'étoufferait avec un brin d'herbe. Mais Lydia trouva ses mots.

– Quelle histoire ? demanda-t-elle en serrant les dents pour réprimer vaillamment le cri d'horreur qu'elle eût aimé pousser.

– À propos de ce changement de bébés.

– Alors, elle vous l'a dit ? fit Tony sans marquer d'émotion.

– Oui.

– Que le ciel confonde cette femme ! explosa Sir Herbert. Quel droit a-t-elle de vous raconter ces idioties ?

– Je pense que c'est simplement parce que j'étais là, expliqua Polly. Je suppose qu'elle l'aurait dit à n'importe qui. Et elle sait que j'aime bien monsieur Price.

– Vous l'aimez ? s'étonna Freddie.

– Oui. Je vous le dis simplement pour que vous ne me preniez pas pour une effrontée. J'aime beaucoup monsieur Price. Il a toujours été très bon pour moi, spécialement quand j'ai commencé à travailler chez lui. Et, croyez-moi, ils ne sont pas nombreux, dans la coiffure, ceux qui traitent bien les filles qui travaillent pour eux. Monsieur Price a toujours été très gentil avec moi, et c'est pourquoi je veux qu'il soit heureux.

Sir Herbert souffla.

– C'est très bien, ma fille, mais vous ne pouvez pas vous attendre à ce que Lord Droitwich…

– Et c'est pourquoi, poursuivit Polly, s'il y a quelque chose de vrai dans cette histoire, je vous demanderai comme une faveur de ne pas en parler à monsieur Price.

– Quoi !

– Ne pas en parler à monsieur Price ?

– Vous avez dit « de ne pas en parler à monsieur Price » ? s'écria Freddie, chancelant. Vous avez bien dit « ne pas » ?

Polly continua calmement.

– Monsieur Price est l'un des hommes les plus heureux qui soient. Il adore son travail. Il est tellement fier de si bien y réussir. Vous devriez l'entendre raconter comment, un de ces jours, il va déménager sur Bond Street et tout ça. Il est comme un gosse qui prévoit une fête. Je vous assure qu'il est très bien là où il est. Son cœur et son âme sont dans son art et il serait malheureux sans lui. Vous lui gâcheriez la vie si vous lui proposiez soudain un titre et une grande maison comme celle-ci.

– Bien.

Lady Lydia fut la première à recouvrer suffisamment de souffle pour commenter cet aspect de l'affaire.

– C'est certainement une façon de voir les choses.

– C'est même la seule, ajouta fermement Freddie.

Il sourit à Polly. Il l'approuvait.

– Je ne sais pas si vous le réalisez, reprit-il, mais chaque mot qui tombe de vos lèvres est une perle de l'orient le plus pur.

– J'essaie juste de voir le côté sensé de tout ceci. Personne n'est heureux, dans ce monde, s'il ne se sent pas confortable. Un roi ne serait pas heureux si ses souliers le faisaient souffrir.

– Salomon, assura Sir Herbert d'un ton respectueux, était un idiot comparé à cette jeune fille.

– Monsieur Price n'aurait plus un moment de tranquillité si vous en faisiez un comte. Il aurait toujours peur de faire une boulette quelconque.

– Elle veut dire, traduisit Freddie qui connaissait parfaitement l'américain, faire une gaffe, se rendre coupable d'une bourde de quelque sorte.

Tony était la seule personne présente qui paraissait penser que tout n'était pas pour le mieux.

– Oui, dit-il. Vous avez sans doute raison. Mais ça ne va pas être vraiment confortable pour moi, de vivre de l'argent qui appartient à quelqu'un d'autre et de m'entendre appeler Lord Droitwich, alors que je sais que je suis un imposteur.

Freddie hocha une tête réprobatrice.

– Morbide, mon vieux. Morbide. Corrige cette tendance.

– De toute façon, conclut Lady Lydia, je pense que tu trouveras cela bien plus plaisant que de vivre dans Mott Street, Knightsbridge, et de t'entendre appeler monsieur Price.

– Il y a quelque chose de vrai là-dedans, je suppose.

– Et puis, bien sûr, il faut penser à Violet.

– Oui, insista Sir Herbert. Tu ne voudrais pas perdre Violet.

– Que veux-tu dire ? La perdre ? demanda Lady Lydia
d'un ton acerbe. Le titre ne signifie rien pour Violet. Elle
me l'a dit.

– Tout à fait, se reprit vivement Sir Herbert. Tout à fait.
Une fille charmante, si peu égoïste.

– Alors, ne pensez-vous pas, remarqua Polly, qu'il serait
injuste de décevoir une fille aussi altruiste ?

– Très bien dit, conclut Sir Herbert.

Il regardait anxieusement Tony. Lady Lydia aussi. Et
Freddie également, avec encore plus d'intensité. Sa décision
avait beaucoup d'importance pour Freddie.

– D'accord, acquiesça mollement Tony. Que valent
quelques scrupules de conscience en face des conseils de
tant d'amis ? Laissons les choses comme elles sont.

– Hourra ! s'exclama Freddie.

– Merci mon Dieu ! s'écria Lady Lydia.

– Et, Dieu merci, ajouta dévotement Sir Herbert, cette
vieille folle alcoolique dort tranquillement dans la bibliothèque, où elle ne peut bavarder avec personne. Imaginez
un peu qu'elle aille courir dans la maison en racontant son
histoire à tous ceux qu'elle rencontre ?

– Je vous demande pardon, Milord, dit Slingsby en
paraissant sur le seuil. Votre Seigneurie pourrait-elle
m'informer du lieu où se trouve madame Price ?

Sir Herbert bondit comme une baleine harponnée. Les
yeux lui sortirent de la tête.

– Quoi ! hurla-t-il quand il retrouva la parole.

– Ne me dites pas qu'elle n'est pas dans la bibliothèque !
soupira Lady Lydia d'une voix rauque.

– La bibliothèque est vide, Milady.

Polly poussa un cri.

– Elle doit s'être moquée de moi en faisant semblant d'être endormie ! Pour que je lui laisse le champ libre. Oh, pourquoi ne me suis-je pas méfiée ? Je ne me le pardonnerai jamais. Jamais.

Elle se dirigea vers la porte. Sir Herbert tendit la main pour la retenir.

– Attendez un moment.

– Oui, dit Freddie. Nous avons besoin de vous, dans ce moment de crise. Slingsby !

– Oui, monsieur.

– Trouvez le jeune Price et envoyez-le ici.

– Bien, monsieur.

– Maintenant, poursuivit Freddie quand la porte se fut refermée, si elle l'a dit à cet infâme Price, nous n'avons plus qu'un seul espoir.

Il fit un geste vers Polly.

– La jeune Salomon. La fille au grand front.

– Oui, admit Lady Lydia. Si vous pouvez développer vos arguments, comme vous l'avez fait avec nous, pour convaincre le jeune Price comme vous avez convaincu Lord Droitwich.

– N'oubliez-vous pas que Lord Droitwich avait avantage à être convaincu ? contra Polly.

– Oui, oui, oui, admit Sir Herbert. Mais, sûrement, si vous lui dites que le job est au-dessus de ses forces…

– Je ne dirais jamais ça à monsieur Price. Dites-lui qu'il ne peut pas faire quelque chose, et il va s'y mettre illico.

– Quel type désagréable ! remarqua Freddie. Je l'ai toujours su.

Lady Lydia se fit suppliante.

– Mais si, il y a douze ans, feu Lord Droitwich lui-même désespérait de faire de ce jeune homme un héritier convenable pour le titre, demandons-lui quel genre de pair il ferait aujourd'hui.

– Je sais bien quelle sera sa réponse.

– Quoi ?

– Il admettra qu'il serait un noble un peu bizarre, mais pas plus bizarre que bien d'autres.

– Et là, il aura raison, confirma Tony.

– Bon. En tout cas, annonça Polly, je vais aller voir ce qu'il s'est passé.

– Faites ça, approuva Sir Herbert. Oui, faites ça. Certainement.

– Et, croyez-moi, dit Tony en lui ouvrant la porte, je vous suis très reconnaissant pour tout le mal que vous vous donnez.

Polly lui sourit et sortit. Tony ferma la porte et reprit sa place au Conseil.

– Maintenant, écoutez-moi tous, déclara Sir Herbert en tant que président auto-élu. Je pense que la chose la plus sage, quand ce jeune homme arrivera, sera de lui sauter dessus et de lui proposer de l'argent.

– Oui, dit Lady Lydia, approuvant la motion. Beaucoup d'argent.

– Une gratification libérale, affirma Sir Herbert, à la stricte condition qu'il signe une renonciation.

– Très bien, fit Freddie. Mais, attention, faisons l'offre avec nonchalance.

– Je vois ce que tu veux dire, acquiesça Sir Herbert. Je comprends. Comme si nous n'attachions aucune importance à la chose.

– C'est cela, – c'était la voix enthousiaste de Lady Lydia. Hautement incrédules et plutôt amusés.

Tony jeta une note discordante dans ce chorus joyeux.

– Oh, arrêtez de comploter et de dresser des plans !
supplia-t-il.

Freddie fut obligé, une fois de plus, de tancer son aîné.

– Mon cher vieux, assura-t-il, il y a des moments, dans la vie, où il faut comploter à tout va. Tu peux remercier ta bonne étoile que j'aie étudié la stratégie à Oxford.

– Oh, d'accord. Je suppose que c'est nécessaire.

– C'est vital.

– Je me sens pourri.

– Tu es superbe. Bon, alors, tous ensemble, entraînons-nous à la légèreté. Soyez prêts à être incrédules et amusés.

Un coup fut frappé à la porte. Le Conseil se raidit.

– Entrez.

Charles, le valet de pied, s'avança.

– D'mande pardon, Milord, Vous m'avez dit de vous rappeler de vous habiller tôt ce soir.

Le Conseil se détendit.

– Oh oui, merci, Charles.

– Oh Charles, reprit Sir Herbert.

– Oui, Sir Herbert ?

– Sauriez-vous où est le jeune Price ?

– À l'office, Sir Herbert, répondit Charles. En train de parler à sa mère.

CHAPITRE HUIT

Il n'est pas souvent donné à un valet de pied d'électriser la famille de son employeur comme s'il avait fait exploser une bombe sous leur nez. Les devoirs des jeunes serviteurs des maisons de campagne d'Angleterre les mettent rarement à pareille fête. Dans toute la Grande-Bretagne, ce jour-là, Charles fut probablement le seul de son rang à pouvoir, d'une seule phrase, être cause qu'un baronnet se mordit la langue, qu'une baronnette fut à un doigt de la crise cardiaque, et que le fils puîné d'un comte laissa tomber son monocle. Et tout cela simultanément.

Mais l'ironie de la chose est que le porteur de nouvelle n'eut aucunement conscience de la sensation qu'il avait produite ; car, après la première réaction involontaire, les membres du Conseil recouvrèrent leur flegme tout britannique et furent de nouveau eux-mêmes.

– À sa mère ? répéta Lady Lydia.

Nul n'eût supposé, en entendant cette voix calme, qu'un sombre désespoir lui rongeait l'âme.

– Vous êtes sûr ?

– Oui, Milady.

Freddie fut encore plus désinvolte. Il avait récupéré son monocle et, avec lui, la pondération naturelle des Chalk-Marshall.

– Comment était-elle, Charles ? Comment allait cette pauvre chère vieille chose ?

– Je crois qu'elle pensait qu'elle allait mourir, monsieur Frederick.

Un « Oh, mon Dieu ! » échappa presque aux lèvres de Sir Herbert, mais il retint l'exclamation. Cependant, une sorte de son, un peu comme le cri d'une souris en détresse, sortit de lui et le valet de pied l'attribua à une inquiétude d'aristocrate envers une vieille servante fidèle de la famille. Charles mit cela à son crédit et se hâta de le rassurer.

– Oh, elle va très bien, Sir Herbert, affirma Charles avec un respect indulgent. Je la connais. Dans une demi-heure elle courra comme un lapin.

– Oui, sûrement, convint Freddie morose.

– Écoutez, Charles, dit Tony. Voulez-vous demander au jeune Price de venir ici tout de suite ?

– Certainement, Milord.

Le valet de pied se retira.

– Qu'est-ce qui retient ce type ? demanda Sir Herbert avec irritation.

Il chancelait encore sous le choc.

– Chaque fichue personne qui quitte cette pièce a pour instruction de trouver le jeune Price et de l'envoyer ici, et il n'arrive pas. Il ne vient pas, morbleu !

– Il trouve probablement la conversation de la vieille femme trop prenante. Il ne peut pas s'y arracher, supposa Freddie.

– C'est consternant, s'écria Lady Lydia. Elle doit lui avoir tout dit.

Freddie la calma d'un geste.

– Si elle l'a fait, déclara-t-il, notre politique reste la même. Nonchalant est le maître mot. Quoi qu'il en coûte, soyons nonchalants, et même désinvoltes. Enfin, si l'éducation sert vraiment à quelque chose, nous devrions pouvoir venir à bout d'un simple barbier.

Sir Herbert réfléchit.

– Je dois dire…

– Désinvolte ! insista Freddie.

– Je dois dire…

– Nonchalant !

– Bien sûr, désinvolte. Certainement, nonchalant. Je dois dire, avec désinvolture, qu'une histoire plutôt bizarre est parvenue à mes oreilles. Une histoire émanant certainement de votre mère…

– C'est ça ! approuva Freddie. Utilise des mots longs. Impressionne-le.

– Je le ferai si j'arrive à en trouver, garantit Sir Herbert.

– Surérogation est un bon mot, si tu arrives à le placer, suggéra Freddie serviable.

Il y eut un bruit de pas derrière la porte. Une fois de plus, le Conseil se raidit devant l'épreuve. La poignée tourna et monsieur Waddington entra en courant, suivi de sa fille Violet.

– Lord Droitwich ! s'écria monsieur Waddington.

– Excusez l'émotion de Père, dit Violet. La dernière nouvelle de la Société lui a fait l'effet d'une bombe. Il en est tout tremblant.

Sir Herbert les fixa, hébété.

– Bombe ?

– Vous voulez dire qu'elle vous en a parlé, à vous ? s'écria Tony.

– Certainement, affirma monsieur Waddington.

– Mais, pourquoi diable avait-elle besoin de vous en parler ? s'irrita Freddie.

– Hein ?

Lady Lydia intervint. Elle suspectait une confusion.

– Attends une minute, Freddie.

– Mais, ce ne sont pas ses affaires, remarqua Tony.

– J'aime ça ! s'écria monsieur Waddington bouche bée.

– Je suis désolé, reprit Tony. J'ai été incorrect. Mais cette histoire m'a rendu nerveux. Quand un homme court le danger de perdre son titre et le moindre sou qu'il possède…

– Mais, au nom du ciel, de quoi parlez-vous ?

– N'avez-vous pas dit que la vieille femme vous avait raconté…

– Vieille femme ?

– Monsieur Waddington parle de vos fiançailles, cria Lady Lydia désespérée. De tes fiançailles !

Tony s'arrêta.

– Mes fiançailles ! Bon Dieu ! J'avais oublié.

– Très amusant. Très drôle, réussit à s'esclaffer Freddie. Malentendu. Deux types qui parlent de deux sujets différents.

– Mais pourquoi parliez-vous de perdre votre titre ?

– Rien. Rien, intervint Sir Herbert. Juste une plaisanterie.

– Un pur persiflage, renchérit Freddie.

Monsieur Waddington n'avait pas bâti une grosse fortune dans les affaires sans posséder une certaine sagesse native. Il s'enorgueillissait de sa capacité à voir aussi clair que n'importe qui. Il y avait du louche là-dedans, se disait-il, et il avait l'intention d'aller au fond de cette histoire.

– Ça ne peut pas être une plaisanterie, dit-il d'un air soupçonneux. Il se passe quelque chose. Je le vois à vos figures. Je le vois à la façon dont vous vous comportez, sans parler de ce que vous dites. Maintenant que ma petite fille a placé son bonheur entre vos mains, Lord Droitwich, je pense…

– Oui, ajouta languissamment Violet. Même si je ne suis pas souvent d'accord avec Père, je pense aussi…

Tony se tourna vers eux d'un air mauvais. Son bon tempérament habituel ne tenait pas contre les événements de cet après-midi. Il était en humeur de casser quelque chose. Samson, dans le temple, avait eu la même envie.

– Très bien, dit-il. Si vous voulez le savoir. Il semble, monsieur Waddington, que je ne sois pas réellement Lord Droitwich.

– Pas… Lord… Droitwich !

– Non. J'ai été changé en nourrice.

Les sourcils bien dessinés de Violet se levèrent. Ils avaient été soigneusement épilés par un artiste de la pince, mais il y en avait encore assez pour marquer son étonnement.

– Changé en nourrice ? Que voulez-vous dire ?

– Eh bien, c'est comme dans l'histoire de la « Vengeance du Bébé », dans les histoires enfantines.

Monsieur Waddington n'eut pas l'air de saisir.

– Jamais lu ça ? Eh bien, il y a deux bébés. Le bon et le mauvais. Je suis le mauvais.

– Vous êtes le mauvais ?

– Oui. Vous avez compris ? Parfait. Nous attendons maintenant de rencontrer le bon pour essayer de faire pour le mieux.

– Nous pensons, dit Lady Lydia, que nous pourrons le persuader d'abandonner toute prétention.

– A-t-il des raisons de prétendre ?

– Oh oui. De bonnes raisons, affirma Tony.

– Ce que veut dire Père, expliqua Violet, c'est que c'est peut-être comme dans l'affaire Tichborne, où le prétendant s'est effondré au contre-interrogatoire. Il y a vraiment quelque chose de sérieux ?

– De très sérieux, grommela Tony.

Les pouces de monsieur Waddington s'enfoncèrent dans les emmanchures de son gilet. Il tira sur le vêtement d'un air belligérant.

– Oh ? fit-il. Et s'il n'abandonne pas ses prétentions ? Que se passera-t-il ? Hein ? Répondez à ça. Que deviendrez-vous, alors ?

– Dans ce cas, avoua Tony, je me ferai coiffeur.

– Si c'est une blague…

– Je vous ai dit que c'en était une, insinua Sir Herbert.

Monsieur Waddington exprima ses sentiments en reniflant bruyamment.

– Non, dit-il. Je sais reconnaître une blague quand j'en vois une.

– Un don très utile, remarqua Tony.

– Et ce n'est rien de la sorte. C'est vrai. Mon Dieu ! C'est vrai ! Écoutez ! Si ce type gagne, vous voulez dire que vous n'aurez plus rien ?

– Pas exactement rien. Je serai propriétaire d'un salon de coiffure très florissant dans Knightsbridge.

– Mais vous perdrez le titre… et cette maison… et tout ?

– Exactement.

– Je pense que je vais avoir une attaque, prophétisa monsieur Waddington.

Violet hocha la tête.

– Oui. C'est bien dans la scène, remarqua-t-elle. Viens donc avoir ton attaque dans la bibliothèque, Père.

Monsieur Waddington inhala profondément avec émotion.

– Je vais prier, annonça-t-il.

– Très bien, dit Violet.

Elle se tourna vers Lady Lydia.

– Il peut prier dans la bibliothèque, n'est-ce pas ?

– Il peut prier où il veut, répliqua frénétiquement Lady Lydia. N'importe où !

– Dans toute la maison, insista Sir Herbert.

– Mille fois merci, fit Violet.

Elle mena son père éploré vers la porte. Quand celle-ci fut refermée, Tony eut un rire strident.

– Et maintenant, déclara-t-il, je vais prendre une demi-feuille de papier pour noter les noms des gens qui, dans toute l'Angleterre, ne savent pas notre secret.

– Bravo, mon vieux. Heureux de voir que tu te remets, dit Freddie. C'est bon d'entendre à nouveau ton rire joyeux.

– Ce n'est que de l'hystérie, avoua Tony.

On frappa à la porte. Et cette fois, enfin, c'était le jeune monsieur Price en personne.

CHAPITRE NEUF

Syd Price s'avança dans la pièce, et Freddie Chalk-Marshall, lui-même un modèle de calme poli, considéra ses chers parents d'un œil plein de reproche. L'attitude du Conseil de famille en ce moment terriblement critique était, à son avis, complètement à côté de la plaque. Pas bon. Lamentable. Rien de ce qu'il fallait. Avec toute l'emphase dont il disposait, il leur avait montré la nécessité vitale d'être désinvolte et nonchalant. Et l'étaient-ils ? Pas le moins du monde. Son oncle Herbert se tortillait comme s'il avait souffert de la danse de Saint-Guy. Sa tante Lydia ressemblait à Lady Macbeth. Et quant à son frère Tony, (il préférait toujours penser à lui comme à son frère) un enfant, même un enfant astigmate, eût compris qu'il venait de recevoir des nouvelles dérangeantes et ennuyeuses.

L'Honorable Freddie n'avait jamais, de toute sa vie, vu une telle réunion de gens nerveux à l'air coupable. Il leur tourna le dos avec un soupir et se mit à étudier Syd.

Eh bien, Syd avait l'air très bien, Dieu merci. Enfin, pas vraiment très bien, car il avait toujours été vilain comme un pou, et il était toujours un vilain pou ; mais Freddie voulait dire que Syd avait son air habituel. Son œil ne trahissait nulle étincelle d'excitation, ce qu'on pourrait s'attendre à trouver dans l'œil d'un homme qui vient d'apprendre qu'il est le comte légal. Ses manières paraissaient normales. S'il avait vraiment parlé à Ma Price, Freddie se dit que cette dernière devait avoir limité sa conversation au temps, aux récoltes ou aux chances dans la prochaine élection générale.

Aussi, bien que ses objections esthétiques envers Syd demeurassent inchangées, Freddie s'aperçut qu'il le regardait avec plaisir et soulagement.

– Vous vouliez m'voir, Sir Herbert ? demanda Syd.

Oui. La voix était normale aussi. Pas la moindre intonation de triomphe caché ou ce genre de chose. Freddie se dit que les affaires s'arrangeaient et alluma une cigarette désinvolte.

Près de la cheminée, Sir Herbert Bassinger se rendait parfaitement ridicule. Alors qu'un bref salut crispé de la tête et un « Oui » sec eussent été parfaits, il se démenait comme s'il avait eu un insecte dans le dos et se mit positivement à bafouiller.

– Tout à fait, tout à fait, dit Sir Herbert. Tout à fait. Exactement. Oui, je voulais vous voir. Nous voulions tous vous voir…

Il intercepta le regard de Freddie et s'interrompit, l'air coupable.

– Prenez un siège, proposa Freddie en décidant de prendre les choses en main.

Syd lui jeta un coup d'œil plein de haine.

– Préfère rester d'bout, fit-il brièvement.

Freddie fut pris un peu au dépourvu. Pas trop bon, se dit-il. Il n'aimait pas la façon dont ce type le regardait.

Lady Lydia entra dans la conversation. Elle n'aurait pas dû essayer de sourire, car son effort n'amena qu'un pénible échec et rien n'est pire, en de tels moments, que des sourires qui se brisent dans leur milieu.

– Comment va votre mère, maintenant ? demanda-t-elle.

Syd ne se dérida pas.

– Pas de problème avec Ma, sauf son imagination. Elle croit toujours qu'elle est malade.

– Un coup de soleil, peut-être ? suggéra Sir Herbert avec empressement. Je crois bien que j'en ai attrapé un moi-même cet après-midi.

– Un coup d'porto, plutôt, sur une pleine flasque d'whisky, répliqua Syd honnêtement. Elle est pintée.

– Eh bien, eh bien, dit Sir Herbert. Maintenant que j'y pense, je trouve que ses façons étaient plutôt bizarres quand nous l'avons vue. Je suppose que, dans ces circonstances, elle imagine… Imagine…

– Imagine ?

– Imagine qu'elle est malade, conclut lamentablement Sir Herbert. Euh… Price…

– Oui, Sir Herbert ?

– Je euh… me demande… Je me demande si…

– Oui, Sir Herbert ?

– Oh, rien, fit Sir Herbert Bassinger.

Il évita le regard de Freddie cette fois. Heureusement pour lui. Sa prestation pitoyable avait fait monter le dédain de son neveu à des hauteurs extrêmes.

Freddie conclut qu'il était temps que quelqu'un de capable prît la direction des opérations.

– Tony, mon vieux, dit-il – et ses manières étaient un modèle de désinvolture et de nonchalance – n'avais-tu pas dit que tu avais quelque chose à demander à Price ?

– Vraiment ? demanda faiblement Tony.

– Bien sûr.

L'œil de Freddie était maintenant celui d'un dompteur.

– À propos de son déménagement à Bond Street.

– Oh oui.

Syd dédia à Freddie un autre regard inamical.

– Je ne déménage pas à Bond Street, remarqua-t-il.

Lady Lydia plongea de nouveau dans la tempête.

– Mais, nous pensons que vous le devriez, dit-elle.

Un peu trop puérilement, pensa Freddie.

– La clientèle y est bien plus sélecte.

– Pour m'installer à Bond Street, il faudrait un capital.

Sir Herbert toussa.

– C'est justement de cela que nous voulions vous parler, reprit-il.

– Supposez que Lord Droitwich soit prêt à vous offrir ce capital ?

Syd regarda Tony.

– Vous, Milord ? Pourquoi vous feriez ça ?

– Eh bien, il y a une raison, assura Lady Lydia.

– Tout à fait, tout à fait, intervint Sir Herbert.

– Une raison un peu fantasque, mais Lord Droitwich est un personnage fantasque. Il se dit que, puisque vous êtes frères de lait…

– Lord Droitwich a toujours eu des idées romanesques…

– Eh bien, qu'en dites-vous, Syd ? demanda Freddie. Vous acceptez ?

Syd le regarda à nouveau.

– Accepter quoi ? Vous m'avez pas encore fait d'proposition.

– Ah, je n'ai pas… Eh bien…

– C'est un peu difficile à mettre en forme, remarqua Lady Lydia.

Syd transféra son attention vers elle. Ses yeux étaient froids et durs.

– Voulez que je l'dise pour vous ? Vous m'donnez l'argent et j'vous signe un papier pour dire que j'réclamerai pas d'être comte de Droitwich ?

Il considéra amèrement le Conseil sidéré.

– Oui, poursuivit-il. Vous croyiez que, pas'que j'suis pas entré ici en racontant tout ce qu'Ma m'a dit, elle m'a rien dit ? Eh bien, elle m'l'a dit, vu ? Mais j'la croyais pas trop avant d'entrer ici et d'voir comme vous étiez tous nerveux…

– Nous n'étions pas nerveux ! s'écria Sir Herbert.

– Ah, vous l'étiez pas, hein ? Eh ben, vous auriez joliment dû l'être. Me voler mon légitime héritage pendant douze ans !

Maintenant qu'elle connaissait le pire, Lady Lydia pouvait montrer son courage.

– Vous devrez prouver que c'est votre légitime héritage.

– Ça s'ra pas trop dur. Tiens, r'gardez l'tableau, là-haut.

Il montra le portrait de Longue Épée.

– Y m'ressemble comme deux gouttes d'eau.

– Ce genre de preuve n'a pas cours à la barre de la Chambre des lords.

– Quand j's'rai à la Chamb' des lords, rétorqua Syd, j'ai pas l'intention d'm'arrêter au bar.

– Ma tante… commença Tony.

– Elle est pas vot'tante ! contra Syd.

– La dame qui vient de parler, corrigea patiemment Tony, veut dire que vous devrez aller en justice pour soutenir vos prétentions.

– Devant une cour composée de mes pairs. J'sais ça.

Sir Herbert tenta d'être pompeux.

– Voyons. Ce genre de discussion ne nous mènera nulle part, dit-il. Supposez que Lord Droitwich…

– L'est pas Lord Droitwich !

– Oh, appelez-le X, conseilla Freddie d'un air las.

– Supposez que la famille, commença Sir Herbert, dans une nouvelle tentative, soit prête à vous offrir mille livres par an ?

Syd éclata d'un rire plein de dérision.

– Mille livres !

– Inutile de marchander, intervint Tony. C'est tout ce que le domaine peut se permettre.

– Bon ! Syd pouffa derechef. Alors, je sais combien j'peux vous offrir pour filer en vitesse et éviter d'payer des tas d'honoraires d'avocats.

La fierté de Freddie ne pouvait pas en endurer davantage.

– Vous êtes sacrément gonflé ! s'exclama-t-il.

Syd se tourna vers lui, sévère.

– Gonflé, hein ? Écoutez. J'en ai marre de vous. J'suis le cinquième comte de Droitwich, t'nez-vous le pour dit. Et vous êtes mon p'tit frère, vu ? L'oubliez pas. Encore un peu et j'vous supprime vot'argent d'poche.

Freddie leva les yeux au plafond, comme pour implorer le ciel d'envoyer sa foudre. Mais nul éclair ne parut.

– Vous ne serez pas Lord Droitwich tant que la Cour ne l'aura pas déclaré, signala Lady Lydia.

– Ils le déclareront. Vous en faites pas, Tantine.

Lady Lydia s'affaissa, frappée au cœur. Sir Herbert monta crânement à l'assaut.

– Écoutez, Price…

– Plus de Price. Vous aurez l'air fin quand *Nouvelles du Monde* entendra parler d'ça. « Conspiration dans la haute société. Dure sentence pour le baronnet. Ci-dessous la photo de Sir Herbert Bassinger en route pour le bagne. » Hein ? Quek'vous vous en dites ?

– Syd, interrompit calmement Tony.

Le prétendant se retourna pour combattre ce nouvel opposant.

– Ouais, dit-il. Vous avez quek'chose à dire ?

– Vous avez déjà pris des coups de pied au derrière, Syd ?

Le prétendant recula.

– Non mais dit'donc ! s'alarma-t-il. Pas d'conneries, hein !

– Alors, restez poli.

– D'accord. D'accord. J'peux pas m'en empêcher, si j'suis un peu amer et sarcastique, hein ? Qui l'serait pas, dans ma situation ? J'crois qu'vous êtes un honnête homme. Dites-moi un peu. Est-ce que vous pensez que j'suis le vrai Lord Droitwich ?

– Je le pense.

– Merci.

– Je vous en prie.

– C'est tout c'que j'voulais savoir, conclut Syd satisfait. Maintenant, j'vais aller griller une sèche dehors et vous laisser discuter tranquillement entre vous.

Il alla jusqu'à la table, prit une poignée de cigarettes et se dirigea vers les portes-fenêtres.

– J'vous donne cinq minutes montre en main, prévint-il. Ça doit suffire.

– Très bien, dit Tony.

La porte s'ouvrit à la volée. Monsieur Waddington fit irruption dans la pièce. Il était suivi de sa languissante fille, Violet.

CHAPITRE DIX

– Alors, s'écria monsieur Waddington, tout va bien ?

– Loin de là, je le crains, monsieur Waddington, répondit Tony.

– Vous ne voulez pas dire ?

– Il sait tout et il veut se battre.

– Et, demanda Violet, quelles sont ses chances de gagner ?

– Extrêmement bonnes.

– Si cette infernale vieille femme donne son témoignage, explosa Sir Herbert, nous n'avons rien à quoi nous raccrocher.

– Mon Dieu ! soupira monsieur Waddington.

– Nous n'avons plus qu'un seul espoir, intervint Lady Lydia. Nous devons envoyer chercher cette fille et voir ce qu'elle peut faire.

– Quelle fille ? demanda Violet. Celle qu'il a amenée avec lui ?

– Oui. Elle pourrait lui faire entendre raison. Va la chercher, Freddie.

– Tout de suite.

Violet leva les sourcils.

– Pourquoi lui ferait-elle entendre raison ?

– Elle semble le comprendre.

– Sont-ils fiancés, ou quelque chose comme ça ?

– Non, assura Tony.

– Cela se pourrait, vous n'en savez rien, remarqua Violet. Auquel cas, il me semble qu'elle aurait intérêt à l'engager à se battre. Si notre monsieur Price obtient le titre, elle devient comtesse.

– Elle n'est pas fiancée avec lui, réitéra Tony. D'ailleurs, d'après ce qu'elle a dit, elle n'aimerait pas être comtesse.

– Elle est folle ! Croyez-vous qu'elle soit tombée sur la tête, étant enfant ?

– Voyons… s'interposa monsieur Waddington.

– Oh, ferme-la ! s'exclama Violet.

Monsieur Waddington en enfla d'émotion.

– Oh ? dit-il. De mon temps, les jeunes filles parlaient à leur père avec respect.

– Elles avaient probablement des pères d'un autre genre, observa Violet.

Freddie revint, amenant Polly. Le Conseil l'accueillit avec effusion.

– Oh, entrez, ma chère, dit Lady Lydia. Nous avons besoin de vos conseils. Mon neveu vous a mise au courant de la situation ?

– Dans les grandes lignes, assura Freddie.

– J'ai cru comprendre, commença Polly, que monsieur Price a appris les faits.

– Oui. Alors, nous voudrions, reprit Lady Lydia, que vous alliez le trouver pour lui expliquer les choses aussi intelligemment que vous l'avez fait avec nous.

Polly secoua la tête.

– Cela n'avancerait à rien.

– Que voulez-vous dire ?

– Si elle lui a parlé, inutile d'essayer de le dissuader.

Tony hocha la tête.

– Elle a raison, bien sûr. La seule chose que nous puissions faire, c'est de nous battre aussi bien que possible.

– Combattre jusqu'à la mort ! approuva Freddie.

– Ou ne pas combattre du tout, suggéra Polly. Ce serait encore mieux.

– Comment cela ? s'indigna monsieur Waddington. Vous dites des idioties ! Des idiooooties !

– Ne croyez pas ça, intervint Freddie. Vous avez devant vous une femme qui ne dit jamais d'idioties. Je l'ai étudiée de près et je vois qu'elle a une idée. Une inspiration. Une ruse quelconque.

– Eh bien oui, avoua Polly. Et je pense qu'elle est bonne. Vous voudriez que monsieur Price ne maintienne pas ses prétentions, n'est-ce pas ?

– Exactement, fit Sir Herbert d'un air sombre.

– Eh bien, la seule chose qui pourrait le faire reculer, ce serait qu'il devienne comte et découvre à quel point il se sentira mal à l'aise et solitaire et pas à sa place quand il le sera.

– Que diable voulez-vous dire ?

– Ce que je vous suggère, c'est de le laisser devenir Lord Droitwich immédiatement. Donnez-lui le vieux titre.

– Mais, ma chère demoiselle…

Sir Herbert était déçu. Il s'attendait à mieux.

– Mais, ma chère demoiselle, nous ne pouvons pas le lui donner. L'affaire doit être jugée par un comité de la Chambre des lords.

- Oui. Mais, en attendant, vous pouvez le prendre dans la maison en lui disant que vous allez l'éduquer, l'entraîner à être Lord Droitwich, le mettre en forme pour qu'il ne soit pas une honte pour la famille quand le jugement sera rendu.

Lady Lydia poussa une exclamation enthousiaste.

– Quelle idée magnifique !

– C'est astucieux, admit Sir Herbert.

– Je vous disais que cette fille ne disait pas d'idioties, souligna Freddie.

Monsieur Waddington refusa de se joindre à ce chœur d'approbation.

– Je ne vois pas où elle veut en venir, grommela-t-il.

– Oh, Père !

Violet avait l'impatience des jeunes pour la lenteur d'esprit de leurs aînés.

– Utilise ta cervelle, si tu en as une. L'idée est de rendre les choses tellement difficiles pour monsieur Price qu'il abandonnera de sa propre volonté.

– Comment ?

– Il y a des centaines de façons, expliqua Sir Herbert. Je le ferai monter à cheval.

– Il m'accompagnera à de bons concerts classiques, suggéra Lady Lydia.

– Je lui rendrai la vie impossible à propos de ses vêtements, offrit Freddie.

– Slingsby lèvera le sourcil et le regardera comme s'il n'existait pas, souffla Violet.

Freddie souleva une objection à cette proposition.

– Il s'en fichera bien. Slingsby est son oncle.

– Alors, engagez un majordome qui puisse le regarder comme s'il n'existait pas.

Monsieur Waddington avait enfin compris.

– Je vois, dit-il. Une idée splendide.

– Mais pas très sportive, remarqua Tony.

– Sportive ?

Lady Lydia était choquée.

– Mon cher enfant !

– Tu ne trouves pas ? insista Tony. Tout ça me semble plutôt bas et vil.

– Dans une situation aussi désespérée que la nôtre, déclara Sir Herbert, nous ne pouvons pas nous permettre de faire les délicats. Après tout, c'est aussi pour le bien de ce type. Simplement pour lui montrer à quelle tâche il s'attaque.

– Je vois, fit sèchement Tony. Du parfait altruisme.

– De toute façon, Tony, intervint Lady Lydia, tu n'en seras pas. Tu ferais mieux d'aller à Londres et de ne pas rester dans nos jambes.

– Très bien.

– Je dois rentrer à Londres aussi, constata Polly. Si monsieur Price reste ici, il ne me ramènera pas.

– Je vous emmène, proposa Tony perdant pour la première fois sa morosité. Êtes-vous prête ?

– Je crois qu'il faut d'abord que j'aille dire au revoir à monsieur Price.

– D'accord. Je vous retrouve à la porte de derrière dans dix minutes.

– Merci Lord Droitwich.

– Appelez-moi Syd, fit Tony.

Lady Lydia se tourna vers Polly.

– Eh bien, miss Brown, déclara-t-elle, il faut que vous sachiez combien nous vous sommes reconnaissants pour votre suggestion.

– Une merveille, renchérit Freddie.

– Merci Lady Lydia, dit Polly.

Un concert respectueux suivit son départ.

– Quelle fille ! soupira Sir Herbert avec dévotion.

– Elle a un cerveau, ajouta Freddie. C'est du solide.

– Je ne crois pas avoir jamais rencontré une fille qui m'ait plus impressionné, avoua Tony.

Violet le regarda bizarrement.

– Oui, c'est bien l'impression que vous donnez, fit-elle.

Durant le court silence inconfortable qui suivit cette remarque, Syd entra par la porte-fenêtre.

– Et maint'nant, quoi ? commença-t-il.

Il regarda autour de lui d'un air soupçonneux.

– Tiens ! l'orchestre s'est augmenté un brin depuis mon départ.

Tony fit les présentations.

– Ma fiancée, miss Waddington. Le père de ma fiancée, monsieur Waddington. Vous ne connaissez pas Lord Droitwich ?

– Hello ! s'étonna Syd. Vous avez décidé de mettre les pouces, alors ?

– Vous avez trouvé la formule, admit Tony. Je vais vider les lieux et vous en laisser maître.

Il tira un trousseau de clés.

– Cette grosse clé dorée ouvre votre garde-robe, votre coffre, votre cave à vin et quelques autres choses que Slingsby vous expliquera. Voici la clé de votre maison d'Arlington Street, et voici la clé de la grande porte de cette demeure.

Il jeta le trousseau sur la table.

– Et maintenant, donnez-moi les clés de votre sacré salon de coiffure, et nous serons quittes.

Syd écarquilla les yeux. Les choses allaient trop vite pour la paix de son âme.

– Au revoir tout le monde, dit Tony. Au revoir, Tante Lydia. Au revoir, Oncle Herbert. À plus, Freddie.

– À plus, mon vieux.

– Au revoir, Violet.

– Au revoir, Tony.

Tony se tourna vers Syd.

– Mes hommages, Lord Droitwich, ajouta-t-il. Nous nous reverrons chez Philippi.

Il sortit. Syd regardait autour de lui, complètement hébété.

– Eh ! fit Syd. Qu'est-ce que ça veut dire ?

Il s'aperçut que la compagnie se retirait.

– Il est temps de s'habiller pour le dîner, Herbert, déclara Lady Lydia.

– Mais oui, par Jupiter !

– Tu viens, Père ? interrogea Violet.

– Hein ? s'étonna monsieur Waddington. Ah ? Oh, oui.

Freddie s'attarda. Il dirigeait sur Syd un œil morose. Syd lui rendit un regard truculent.

– Oui ? dit Syd. Un sou pour vos pensées.

– Je songeais seulement, répondit Freddie, que si vous êtes jamais appelé à prendre place à la Chambre des lords, je ne manquerai pas d'être dans la galerie. Je ne rate jamais une occasion de rire.

– Oh ! s'étrangla Syd.

Mais nul ne l'entendit. Freddie était parti. Syd resta un moment rêveur ; puis il se dirigea vers la cheminée et leva les yeux vers le portrait de Longue Épée qui la dominait. Encore un peu timide, il prit la vieille attitude : le menton haut, la main sur la garde de l'épée. Puis il s'éloigna et, finalement, comme il arpentait la pièce, une nouvelle idée parut le frapper.

Il s'arrêta et affecta une pose oratoire ; une main dans son gilet, l'autre faisant un geste ample.

– Milords ! commença Syd prudemment à mi-voix. J'me lève pour la première fois dans cet'maison historique…

Il s'interrompit, un peu confus. Slingsby était dans la pièce.

— Vous voilà ! soupira le majordome en le regardant tristement.

— Hello, Oncle Ted.

L'œil du majordome devint plus morose que jamais.

— Lord Droitwich ! réprimanda-t-il, d'un ton acerbe.

— Oh ?

Syd, comme tant d'autres avant lui, dans cette pièce, ce jour-là, s'appliqua à être désinvolte et nonchalant.

— Y t'ont dit ?

— Je sais tout, répliqua le majordome. Hâtez-vous, maintenant. Il est temps de vous habiller pour le dîner.

— Mais, pour les vêtements ?

— Les vêtements sont fournis.

— Oh ! fit Syd, soupesant l'information. Il faut que je prenne un bain.

— Dieu sait que vous en avez besoin !

— Oncle Ted, ordonna Syd avec autorité. Fais-moi couler un bain !

— Allez vous le faire couler vous-même, Milord ! riposta le majordome.

Il sortit majestueusement de la pièce. Le prétendant Droitwich le regarda sortir en silence. Son visage reflétait un malaise grandissant.

CHAPITRE ONZE

Ce fut quelque deux semaines après cet événement sensationnel dans la haute société que Tubby Bridgnorth, l'ami de Freddie Chalk-Marshall, décida qu'il était temps d'aller se faire un peu déboiser la crinière. Ramassant donc son chapeau et sa canne, il se rendit au Salon de coiffure hygiénique Price. C'était un samedi.

Le Salon de coiffure hygiénique Price se trouvait, comme il a déjà été mentionné dans ce récit, à un jet de pierre de Hyde Park, dans un petit cul-de-sac derrière Brompton Road appelé Mott Street. C'était là que des générations de Price avaient mené leur guerre incessante aux cheveux londoniens continuellement en train de pousser. C'était là que l'arrière-grand-père Price avait une fois écorché la joue du fameux duc de Wellington et avait été, à cette occasion, copieusement insulté par cet homme aux paroles bien senties. La plupart des nobles et des édiles qui résidaient au sud du Park venaient chez Price pour leur coupe bimensuelle. Lord Bridgnorth, dont la famille vivait à Cadogan Square, n'y manquait jamais.

Se targuant, en conséquence, du statut de client régulier, il fut un peu piqué, en ce bel après-midi de samedi, de découvrir que contrairement à l'habitude ce ne serait pas le patron en personne qui s'occuperait de lui. Quand il entra dans la boutique, il ne vit nul signe de Syd. Le seul employé présent était un vieux petit homme à lunettes et à moustache tombante dont le nom, bien que Tubby l'ignorât et ne s'en fût pas soucié s'il l'avait connu, était George Christopher Meech.

Meech enveloppa Tubby dans un peignoir et se mit au travail. Il en arriva finalement au moment où l'homme aux ciseaux place un miroir derrière la tête de son client et l'invite silencieusement à donner son avis.

Tubby se contempla soigneusement et ne fut pas mécontent. Bien que sévère critique, il ne trouva rien à redire.

– M'a l'air bien, admit-il.

George Christopher Meech retira le miroir.

– Je flambe les pointes, monsieur ?

– Non, merci.

– Shampooing, monsieur ?

– Non, merci.

– Une friction, monsieur ?

– Non, merci.

– Très bien, monsieur.

Avec une résignation digne, Meech enleva le peignoir et Tubby émergea comme un joli papillon de son cocon. Il contempla de plus près son reflet rubicond.

– Oui, dit-il. Pas mal.

– Merci, monsieur.

– Bien sûr, vous n'êtes pas un artiste de la force du jeune Price.

Meech se redressa avec une certaine hauteur. Il trouvait que la remarque manquait de tact. Jusqu'à deux semaines auparavant, il avait été employé chez les éminents messieurs Truefitt dont il avait quitté l'entreprise à la suite de ce qu'il avait l'habitude d'appeler un malentendu ; et, en privé, il considérait que venir aussi à l'ouest que Brompton Road, même dans un établissement aussi respecté et historique en fait que celui de Price, était en quelque sorte déroger. Il n'admettait pas que sa technique pût être inférieure à celle de quiconque.

– Je n'ai pas eu le privilège de voir le travail de monsieur Price, déclara-t-il sèchement.

– C'est toujours lui qui me coupe les cheveux, expliqua Tubby. Et ceux de mon paternel, quand il en avait. Comment se fait-il que vous ne l'ayez pas vu travailler ?

– Monsieur Price n'est pas venu au salon depuis deux semaines, monsieur. Je ne l'ai pas vu depuis le jour où il m'a engagé.

– Oh, vous êtes nouveau ici ?

– Oui, monsieur. Je travaillais chez Truefitt, informa Meech avec l'air de remettre son interlocuteur à sa place.

– Et Price n'est pas venu depuis deux semaines ?

– Non, monsieur.

– Où est-il passé ?

– À la campagne, je crois, monsieur.

– Oh, il prend des vacances ?

La voix de Meech se fit mystérieuse. Il s'était remis de son mécontentement momentané et était heureux d'avoir l'opportunité de discuter d'un sujet qui l'avait fait longuement réfléchir.

– Si vous voulez mon avis, monsieur, je crois que monsieur Price va se retirer.

– Quoi ?

– Oui monsieur. J'ai l'impression que cet établissement va changer de propriétaire.

Tubby poussa un « Bon Dieu ! » étonné. Il était ébahi. La maison Price lui avait toujours paru aussi stable que le British

Museum. De mémoire d'homme, elle avait toujours été là. Il se rappelait encore que sa nurse l'amenait ici pour faire couper ses boucles par le père du patron actuel. Il lui semblait incroyable d'apprendre que cette dynastie pouvait s'éteindre.

– Vous ne voulez pas dire que Price a vendu le fonds ?

– Je ne peux pas vous dire, monsieur, répliqua Meech d'un air digne, si la vente a déjà eu lieu, mais il y a quelque chose. Depuis deux semaines, monsieur Price n'a pas mis les pieds dans le salon, mais un nouvel homme n'arrête pas d'entrer et sortir. Il étudie les conditions, je vous le dis. En vue de l'achat.

– Quel genre de type ?

– Très bon genre. Un jeune homme qui parle très bien. Un vrai gentleman. S'appelle Anthony.

– Oh ? fit Tubby.

Il était secoué. C'était un esprit conservateur et il prenait le deuil à la disparition des grands établissements de Londres. Il lui semblait triste de voir une boutique qui était passée de père en fils pendant tant de générations finir maintenant entre les mains d'un étranger, tout bon genre et beau parleur qu'il fût.

Enfin, c'était comme ça aujourd'hui, pensa Tubby avec chagrin. Tous les endroits qui lui avaient toujours paru solides comme le roc filaient dès qu'on ne les regardait pas. Il n'eût pas été surpris d'apprendre d'un instant à l'autre qu'on avait fermé le *Cheshire Cheese* ou *Simpson*. Probablement allaient-ils, juste après, abolir le match Eton - Harrow.

– Enfin, j'espère qu'il est bien ? dit-il. Parce que beaucoup de gens ont l'habitude de venir ici.

Il allait poursuivre mais, à ce moment, la porte s'ouvrit et il aperçut la silhouette immaculée de son ami Freddie Chalk-Marshall.

Tubby était surpris. Il croyait que l'autre était encore à Langley End.

– Salut, Freddie.

– Salut, Tubby.

Lord Bridgnorth avait encore l'impression que cette apparition pouvait n'être qu'un effet de son imagination.

– Tu es à Londres ? demanda-t-il afin de fixer ses idées.

Freddie l'assura qu'il y était.

– Tony est à Londres ?

– Euh… Oui, répondit Freddie. Oui. Tony est à Londres.

– Alors, toute la fichue famille est à Londres ?

– Oui. Nous sommes arrivés de Langley End hier.

Freddie paraissait sur ses gardes. Il pesait ses mots. Dans ses manières, en parlant à son vieux copain, perçait une certaine circonspection. La dernière chose que voulait Freddie, alors que les affaires de la famille étaient dans cet état délicat, était de voir un journaliste de la page des potins y mettre le nez. Jusqu'à présent rien n'avait transpiré de ce qui s'était passé à Langley End en ce fatal jour d'été ; mais on ne sait jamais d'où peut partir une fuite et, oubliant que Tubby hantait le salon de Price depuis l'enfance, il se mit à suspecter les motifs qui l'y avaient amené.

Il considéra donc son ami avec méfiance. Tubby, se dit-il, n'avait toujours été qu'un âne bâté, mais quelqu'un pouvait lui avoir refilé le tuyau.

– Qu'est-ce qui t'amène ici ? demanda-t-il.

– Me faire couper les cheveux. Et toi ?

– Je vous rase, monsieur ? s'enquit Meech en professionnel.

– Je voulais dire un mot au patron, déclara Freddie.

Meech pouvait se rendre utile.

– Monsieur Anthony était ici il n'y a pas longtemps, monsieur. Il parlait à miss Brown, notre manucure. Il vient de sortir.

– Quand va-t-il rentrer ?

– Dans peu de temps, je suppose, monsieur. Je crois avoir entendu quelque chose à propos de revenir avec un déjeuner qu'ils mangeraient tous les deux ici.

Meech renifla un peu en disant ces mots. Chez Truefitt, les pique-niques dans le salon de coiffure étaient inconnus. Si monsieur Truefitt voulait manger, il allait ailleurs.

Tubby s'intéressa.

– Tu connais cet Anthony ?

– Oui, fit Freddie. Je l'ai rencontré.

– Comment ?

– Oh, juste comme on rencontre les gens.

– Où ?

– Quelle importance ?

– Pourquoi veux-tu le voir ?

– Juste quelque chose. Tu es sacrément inquisiteur, remarqua froidement Freddie.

– Je demande juste.

– Pourquoi ?

– L'homme m'intéresse.

– Pourquoi ?

– Enfin, zut, s'énerva Tubby, je viens ici me faire enlever mes surplus capillaires depuis que je suis gosse et j'arrive aujourd'hui, en pensant que tout est comme d'habitude, et ce type, là…

– Mon nom est Meech, précisa George Christopher, serviable.

– Et monsieur Meech, ici présent, m'apprend que l'endroit a été vendu à un mystérieux oiseau nommé Anthony. Je veux savoir qui il est et tout sur lui, et si je peux lui faire confiance pour veiller sur ma tignasse aussi bien que Price en avait l'habitude.

Les soupçons de Freddie restaient vivaces.

– Tu es sûr que c'est vraiment la raison ?

– Que veux-tu dire ?

– Tu n'es pas venu en tant que journaliste, pour trouver des ragots pour ta page des potins ?

L'étonnement de Tubby s'accrut. Son ami semblait parler par énigmes.

– Je ne vois pas ce que tu as en tête. Qu'est-ce que tu as en tête ?

– Oh rien. Je croyais, seulement.

– Quoi ?

– Que tu cherchais des ragots pour ta page des potins.

– Je n'ai plus de page des potins. J'ai donné ma démission.

– Ils t'ont viré ? traduisit Freddie sautant à la conclusion naturelle.

Il s'était souvent demandé combien de temps un journal responsable et conscient de ses devoirs envers ses lecteurs pourrait publier le genre d'âneries que pondait le vieux Tubby.

Le jeune Lord Bridgnorth n'apprécia pas l'ironie.

– Ils ne m'ont pas viré. En fait, ils étaient particulièrement contents de mon travail brillant et intelligent.

– Alors, pourquoi es-tu parti ?

– Tu n'es pas au courant ?

– Au courant de quoi ?

Lord Bridgnorth saisit le revers du veston si bien coupé de son camarade et se prépara à annoncer la grande nouvelle.

– Je suis fiancé.

– Fiancé ?

– Absolument. Avec Luella, fille unique de J. Throgmorton Beamish, de New York.

Freddie était vraiment impressionné.

– Tu ne veux pas dire…

– Mais si. Je veux dire.

Freddie alluma une cigarette.

– C'est une aveugle ?

– Pourquoi, une aveugle ?

– Elle doit l'être, n'est-ce pas ? En tout cas, toutes mes félicitations. Quand est-ce arrivé ?

– Il y a deux jours. C'était dans le *Morning Post* d'hier.

– Je ne lis jamais le *Morning Post*. En fait, avec une chose et une autre…

L'Honorable Freddie s'interrompit. Une idée soudaine venait de le frapper. Ses yeux étincelaient de la lumière qu'on voit seulement dans les yeux des vrais fonceurs.

– Ce Beamish, demanda-t-il, il est riche ?

– Il croule sous le fric.

– Et chauve ? demanda Freddie, enthousiaste.

– Bien sûr qu'il est chauve. Comme tous les Américains.

– Alors, il a besoin du Derma Vitalis de Price. Un truc merveilleux. Je t'en ai donné une bouteille, une fois.

– Vraiment ? Oh oui, je me rappelle. Je l'ai cassée.

– Alors, tu n'es qu'un crétin et un âne de la plus belle eau, constata Freddie. C'était tout ce qu'il fallait pour ta santé et ton bonheur.

Il se tourna vers Meech.

– Envoyez une demi-douzaine de bouteilles de cette lotion capillaire de Price à Lord Bridgnorth, Drone Club, Dover Street.

Meech fut ravi. Les affaires reprenaient.

– Très bien, monsieur.

– Tu pourras les donner toi-même au vieux, Tubby.

Lord Bridgnorth parut dubitatif.

– Écoute, dit-il, je ne vais pas embêter le vieux Beamish avec des lotions capillaires. Je ne le connais pas assez bien.

– Tu ne vas pas épouser sa fille ?

– Pas si je lui casse les pieds avec des lotions capillaires. J'en suis venu à la conclusion qu'il n'est pas bon pour moi d'aborder le sujet de la calvitie avec ces mecs sans cheveux. Regarde ce qui est arrivé avec mon paternel.

– Peu importe ça…

– Et même, poursuivit Lord Bridgnorth, regarde ce qui est arrivé avec Élisée.

– Élisée quoi ?

– Juste Élisée. Le type de l'Ancien Testament. Il n'avait pas un poil sur le caillou et, quand un pauvre gamin le lui a fait remarquer, qu'est-il arrivé ? Bingo ! Mangé par les ours !

Freddie agita son pied élégamment chaussé. Il appréciait la force de l'argument de son ami, mais le sens du commerce était fort en lui. Il réfléchit intensément.

– Voyons, reprit-il enfin. Quand dois-tu revoir Beamish ?

– Il déjeune avec moi au Ritz. Nous devons aller visiter la Tour de Londres.

– Alors, emmène-moi et laisse-moi faire mon boniment.

Lord Bridgnorth fut favorable à cette idée.

– Bon. Si c'est toi qui lui sautes dessus… Je veux dire, si c'est toi qu'il enverra aux ours… D'accord.

Freddie consulta sa montre.

– Je ne peux m'arranger que pour un déjeuner sur le pouce. J'ai une séance d'équitation avec un ami, dans le *Row*, à deux heures et demie.

– Quel ami ?

– Juste un ami.

– Je parie que c'est une fille.

– Je voudrais bien, soupira Freddie. Quand monsieur Anthony rentrera, poursuivit-il en s'adressant à Meech, dites-lui que monsieur Chalk-Marshall le cherchait et reviendra cet après-midi.

– Très bien, monsieur.

Tubby revint à son ancien thème.

– Tu le connais bien, cet Anthony ?

– Un peu, fit Freddie. Très peu.

– Comment est-il ?

– C'est juste un type. Son nom est Anthony. Viens.

Il précéda son ami dans Mott Street, où ils hélèrent un taxi qui les emmena au Ritz. Il se félicitait de cette excellente matinée de travail. Bien que secoué jusqu'à la moelle par le récent bouleversement familial, Freddie Chalk-Marshall n'en oubliait pas pour autant qu'il avait une mission.

CHAPITRE DOUZE

Pendant quelques minutes après le départ du futur époux et de son copain le voyageur de commerce, Meech (anciennement de chez Truefitt) eut le salon pour lui tout seul. Il occupa ces loisirs, comme tout bon barbier doit le faire, à tout préparer pour la prochaine vague de clients. Il affûta un rasoir, redisposa quelques savons et onguents sur les étagères, redressa l'une des affiches publicitaires sur le mur, donna l'heure exacte à un enfant qui s'en enquérait, puis, ne voyant plus grand-chose à faire avant l'arrivée de la pratique, alla jusqu'à la porte et s'installa sur le seuil pour respirer ce qui passait pour de l'air dans Mott Street.

Suivant un train de pensées que lui suggérait le spectacle d'un certain nombre d'hommes à l'air résolu qui entraient au pub du coin, *La Chenille et le Pichet*, il était en train d'envisager la possibilité de se glisser dans l'estaminet pour en vider un petit sur le pouce, quand la porte du débit de boisson s'ouvrit pour laisser cette fois sortir un client.

Le client en question était un jeune homme volumineux d'apparence agréable, dont la marche était ralentie par le nombre de paquets qu'il transportait. Sa vue renvoya Meech, à toute vitesse, dans le fond de sa boutique, où il se mit à affûter un autre rasoir pour montrer son zèle. Un sifflement musical s'éleva dans la rue et, finalement, entra son patron, ce monsieur Anthony dont on venait de dire tant de bien.

– Hello, Meech, dit le nouvel arrivant. Me voilà rentré.

– Heureux de vous revoir, monsieur, répondit courtoisement Meech.

– Vous affûtez un rasoir, à ce que je vois.

– Oui, monsieur.

– Affûtez, Meech. Affûtez.

Tony déposa ses paquets sur la table à côté de la porte marquée « Salon pour Dames ». Pour un homme qui avait si récemment souffert d'un coup du sort imprévu et fatal dans sa position et son prestige, il paraissait remarquablement joyeux. Aucun signe de soucis sur son visage. Il avait l'apparence de quelqu'un qui trouve l'existence particulièrement agréable.

Et son air n'entendait tromper personne. On peut dire que Tony n'avait jamais été aussi heureux. Il y a beaucoup à dire en faveur de la vie que mène un pair du royaume avec de grands domaines et une grande maison dans Arlington Street. Un homme dans une telle position est généralement considéré comme bienheureux. Mais, et c'était cette découverte qui amenait Tony à présenter cette face réjouie à la foule, il y a encore plus à dire sur le fait d'être propriétaire d'un Salon de coiffure hygiénique dont le personnel compte une fille comme Polly Brown.

Deux semaines représentent bien assez de temps, pour un jeune homme au tempérament ardent, quand il s'agit de confirmer sa première et hâtive idée qu'il a rencontré la fille qui sera son seul amour. À la fin de cette période, l'esprit de Tony était devenu un simple réceptacle où reposait l'image de ce que les livres classiques appellent l'Adorée. Voyant Polly quotidiennement, étant en communion constante

114

avec Polly, il en était arrivé à cette condition mentale où bien peu de choses de sa vie en dehors d'elle avaient une existence réelle.

George Christopher Meech eût été surpris de l'apprendre, mais il semblait, aux yeux de son patron, n'être qu'un simple fantasme.

En Polly, Tony comprenait qu'il avait enfin découvert la fille de ses rêves d'enfant. Cependant, assez bizarrement, elle ne ressemblait nullement à l'objet de ces rêves ; car, quand il était enfant, ses goûts, venant sans doute du gamin costaud qui jouait la fée dans les pantomimes au collège, allaient plutôt vers les beautés superbes et plantureuses. Mais il n'avait eu qu'à voir Polly deux fois pour réaliser qu'émotionnellement il avait atteint la fin de sa quête.

Il aimait sa joliesse, sa philosophie sage, le hâle de son visage, l'étincelle qui brillait si facilement dans ses yeux et qui était le signe précurseur de son merveilleux sourire.

Une fille sur un million. Il allait plus loin. Deux millions. Ou trois.

Ayant déposé ses paquets, Tony se mit à dépenser son effervescence dans une joyeuse conversation. Tout fantasme que fût Meech, il aimait parler avec lui. Il trouvait ce spectre amusant.

– Comment vont les affaires ? demanda-t-il.

– Tranquillement, monsieur. Peu de clients. J'ai coupé les cheveux d'un gentleman.

– Bien.

– Mais il a refusé le brûlage, le shampooing et la lotion pour le cuir chevelu.

– Dommage.

Meech sourit paternellement.

– Il ne faut pas vous décourager, monsieur. Mon expérience me dit que le samedi après-midi est un moment de presse.

– Oh, l'après-midi, hein ?

– Oui, monsieur. Au fait, monsieur Chalk-Marshall était ici il n'y a pas longtemps, et il voulait vous voir.

– Oh, alors ils sont à Londres. A-t-il laissé un message ?

– Oui, monsieur. Il a dit qu'il repasserait plus tard.

– Bon. Et maintenant, reprit Tony, voudriez-vous mettre la pancarte « Fermé » sur la porte ?

– Vous fermez la boutique, monsieur ?

– Exactement.

– À une heure ? Un samedi après-midi ?

Tony défaisait ses paquets et, une fois développés, ils révélèrent des sandwichs. Il y avait aussi une bouteille décorée de feuilles d'or et deux verres. La bouteille avait le sourire subtil d'un champagne acheté dans un pub.

– Je suppose que c'est irrégulier, dit-il. Mais, que voulez-vous ?

– Oui, acquiesça Meech d'un air dubitatif.

– Ou, pour le dire autrement, poursuivit Tony en brandissant la bouteille pour appuyer sa remarque. Au diable !

– Tout à fait, monsieur, concéda Meech. Il était complètement perdu, mais ça lui semblait la chose à dire.

Tony développa son argumentation.

– Je suis jeune, Meech. Le soleil brille. Je déjeune avec une dame. Et je ne veux pas être dérangé. Donc je ferme la boutique. Au diable, Meech, l'appât moderne du gain. Quelle importance, si nous laissons passer quelques sous et quelques coupes de cheveux ?

– Surtout des rasages, le samedi, monsieur.

– Ou quelques rasages. Le sang chaud court dans mes veines, Meech, et je veux m'amuser aujourd'hui, même si la boutique dépérit.

Meech soupira.

– Comme vous voudrez, monsieur. C'est votre boutique.

– Exactement.

– Vous en faites votre profession ?

– Bien entendu.

– Je pensais que vous étiez peut-être un de ces jeunes oisifs qui travaillent pour se distraire.

– Loin de là.

– Vous m'excuserez de vous dire ça, monsieur, mais vous êtes ce que j'appellerais un homme mystère. Ce monsieur Chalk-Marshall est un jeune gentleman de la haute société et il parle comme s'il vous connaissait intimement.

– C'est le cas.

– C'est ce que je voulais dire, monsieur, triompha Meech. C'est pourquoi je vous appelle l'homme mystère.

Tony lui tapota l'épaule.

– Je suis juste un type qui essaie de s'en tirer, expliqua-t-il. Mais ne parlons pas de moi. Discutons plutôt de miss Brown. Où est miss Brown ?

– Dans le salon pour dames, je suppose, monsieur. Elle a une cliente.

– Oh ? Eh bien, j'espère qu'elle ne sera pas trop longue. Le champagne refroidit *(se réchauffe ?)*.

– Dois-je aller voir, monsieur ?

– Non, inutile. Rentrez chez vous pour jouer avec vos enfants.

– Je ne suis pas encore marié, monsieur.

– Pas encore ?

– Non, monsieur. Mais, nous commençons à en parler. Nous sommes fiancés depuis huit ans et demi.

Tony regarda son assistant avec un intérêt non dissimulé. L'une des compensations mineures de sa nouvelle vie était de le plonger dans la société de gens comme Meech. Il apprenait sans cesse quelque chose de nouveau, avec Meech. Hier seulement, il avait découvert qu'il jouait du saxophone, le dernier instrument, certainement, dont on l'eût supposé amateur.

– Vous êtes un amoureux marathon, remarqua-t-il.

– Il ne faut pas plonger inconsidérément dans le mariage, monsieur.

– Je ne suis pas du tout de votre avis, s'écria Tony avec chaleur. Je suis pour l'immersion immédiate et brutale.

Un sourire tolérant éclaira le visage de Meech, le sourire que les hommes d'âge mûr réservent aux jeunes fous.

– Je pensais comme vous, jadis, monsieur. C'était quand j'étais fiancé à ma première jeune dame.

Tony était intéressé.

– Oh, il y a eu une autre jeune dame ?

– Oui, monsieur, répondit Meech.

Il était toujours heureux de confier l'histoire de sa vie à une oreille sympathique.

– Mais elle m'a laissé tomber pour un facteur…

– Non !

– Si monsieur. Et juste après son anniversaire, encore.

– Horrible ! compatit Tony. J'ai bien peur que certaines femmes ne soient ainsi. Mercenaires et fuyantes.

– Mais pas toutes, monsieur, admit Meech, loyal.

– Meech, dit Tony avec chaleur, vous parlez d'or.

– Ma jeune dame actuelle ne ferait jamais une chose pareille.

– Vous êtes sûr ?

– Tout à fait sûr, monsieur.

Il y eut une pause. Tony tripotait des savons à barbe.

– Au fait, Meech, reprit-il, dites-moi quelque chose. Ces deux jeunes dames… Comment les avez-vous approchées… demandées en mariage, je veux dire ?

– Oh, eh bien, monsieur…

– Non. Sérieusement. Je veux savoir. C'est drôlement difficile de faire sa demande.

– Mon expérience, monsieur, c'est que ça arrive comme ça.

Tony sembla digérer cette affirmation. Il répéta les mots pensivement.

– Ça arrive comme ça… Vous savez, je ne comprends pas bien.

– Ce que je veux dire, monsieur, c'est que ces choses dépendent largement de ce qu'on pourrait appeler l'inspiration du moment.

– Oh ? L'inspiration du moment ?

– Oui, monsieur. Vous voyez quelque chose qui vous semble une ouverture et vous sautez dessus. Par exemple, avec ma première jeune dame, nous étions assis dans un cimetière, et je lui ai demandé si elle aimerait voir mon nom sur sa pierre tombale.

– Et cette remarque fut bien reçue ?

– Très bien, monsieur.

– Mais vous n'en êtes pas resté là ?

– Non, monsieur. J'ai poursuivi. Ce n'était que le point de départ.

– Je vois… Quelle fut votre méthode d'approche, la seconde fois ?

Un éclair donjuanesque apparut derrière les lunettes de Meech. Il semblait se rappeler d'anciens et heureux souvenirs.

– Là, c'était après l'invention du cinéma. Alors, bien sûr, c'était différent.

– Qu'est-ce que le cinéma vient faire là-dedans ?

– Les films sont pleins d'émotion, monsieur, de stimulus émotionnel, si vous voulez. Il est évident qu'une fille ne voit pas Ronald Colman sans qu'il n'en reste quelque chose. Avec ma jeune dame actuelle, je me suis juste penché sur elle, je l'ai prise dans mes bras et je l'ai embrassée.

– Et elle a apprécié ?

– Elle en a donné tous les indices, monsieur.

Tony regarda cet homme impétueux avec admiration.

– Et vous avez démarré pour huit ans et demi ? Je trouve que vous êtes étonnant.

– Je n'ai pas eu de plaintes, monsieur, avoua Meech avec complaisance. Avez-vous jamais été fiancé ?

C'était une question simple mais, quand il l'entendit, quelque chose comme une douche glacée sembla frapper Tony entre les deux yeux.

– Seigneur ! s'écria-t-il.

Durant ces deux semaines magiques, si Tony avait donné une pensée à Violet Waddington, ce n'avait été qu'une pensée en passant, le genre de coup de bec mental qu'un homme donne à quelque chose d'assez désagréable qui a fait partie de sa vie mais qui est fini. Il avait considéré que Violet était désormais perdue dans son passé.

Et cependant… Y avait-il eu une parole pour indiquer qu'elle considérait que leur arrangement était annulé ? Non. Il était forcé de l'admettre, rien n'avait été dit. Pour tout ce qu'il savait, elle le considérait toujours, en dépit des circonstances, comme l'homme qu'elle allait épouser. Il pouvait avoir trouvé évident que leurs fiançailles étaient rompues, mais rien ne permettait de penser qu'elle était de cet avis. En cet instant, en bref, une fille qu'il n'appréciait même pas particulièrement était peut-être en train de courir les boutiques pour constituer son trousseau.

Il était consterné. Il se demandait comment il avait bien pu se conduire comme un tel imbécile ce matin d'été, dans la roseraie de Langley End. Il revoyait la scène. Elle était ici, il était là... Un bon mètre de sécurité entre eux... Pas le moindre signe de danger. Et alors... Soudain...

Il frissonna quand chaque petit détail de la scène se rejoua dans son esprit. Après ce qui s'était passé dans la roseraie, il ne pouvait plus revenir en arrière. Si elle voulait toujours l'épouser, il était fait comme un rat.

– Seigneur ! s'écria-t-il. Je le suis !

– Vraiment, monsieur ? dit Meech, intéressé. Et comment avez-vous rencontré la jeune dame ?

– Meech, révéla Tony. Je ne l'ai pas rencontrée. Elle m'a sauté dessus.

Une fois de plus, l'assistant se trouva perdu. Il fixa Tony et le trouva énigmatique. Avant qu'il n'ait pu demander des éclaircissements, cependant, la porte marquée « Salon pour Dames » s'ouvrit et Polly apparut.

Polly était superbe. Elle semblait apporter le parfum du printemps dans une pièce où un odorat raffiné pouvait s'offenser de l'odeur lourde de la brillantine et de la chevelure de Tubby Bridgnorth. Et, à sa vue, l'humeur sombre de Tony disparut comme les cheveux de Tubby avaient disparu sous les ciseaux de Meech.

S'il y avait une qualité prépondérante chez Tony, c'était sa capacité d'adaptation. On pouvait le changer de comte en barbier, il restait souriant. Et, de même, si vous pouviez l'attrister avec le souvenir d'une fille qu'il n'aimait pas, dès le moment où paraissait la fille qu'il aimait, au diable les soucis, il retrouvait son entrain.

L'avenir, se dit Tony avec optimisme, pouvait prendre soin de lui-même. Tout ce qui importait était le présent. Et le présent annonçait un lunch en tête-à-tête avec Polly Brown.

Enfin, tête-à-tête, s'il pouvait se débarrasser de ce pot de colle de Meech, dont l'attitude suggérait qu'il avait l'intention de rester et d'assister aux événements, même s'il devait y passer l'été.

– Oh, vous voilà ! dit Tony. Je vous attends depuis des heures.

– Cinq minutes, tout au plus, monsieur, précisa Meech exact comme une horloge.

Tony en avait assez de Meech.

– Eh bien, cela m'a paru des heures en vous parlant, remarqua-t-il froidement. Allez accrocher la pancarte « Fermé » à la vitrine.

– Vous ne fermez pas la boutique ? s'étonna Polly. Un samedi ?

– Exactement ce que je lui ai dit, miss, observa Meech avec satisfaction.

Tony brandit la bouteille de champagne.

– Pas de discussion, s'il vous plaît ! Pas de rébellion !

Il s'aperçut soudain de ce qu'il faisait.

– Zut ! ajouta-t-il en considérant la bouteille avec inquiétude. Je n'aurais pas dû remuer ce… Ou peut-être le fallait-il ? Il en sera peut-être meilleur.

Il étudia l'étiquette avec une certaine répugnance.

– Je n'ai jamais goûté cette marque. Je me demande si le bouchon va sauter. Je crois que vous devriez m'observer, Meech, et, quand je vais l'ouvrir, vous ferez « Pop » avec la bouche. Pour ajouter à l'atmosphère. Oh, mais

j'oubliais. Vous êtes sur le point de partir, n'est-ce pas ?
Allez, filez.

– Si vous êtes vraiment décidé à fermer boutique,
monsieur, à une heure… Un samedi après-midi…

– D'accord, d'accord. Je sais.

– Alors, rien ne me retient plus.

Une étincelle soudaine brilla dans l'œil de Tony. Il
regarda son assistant avec la vivacité d'un chef druide
supervisant un sacrifice humain.

– À moins que vous ne vouliez que je vous rase d'abord,
insinua-t-il.

– Non, monsieur, assura fermement Meech. Non, merci,
monsieur.

– Je brûle d'envie de raser quelqu'un. Sans doute ma
main de barbier qui me démange.

– Votre repas m'a l'air d'être prêt, monsieur, insinua
Meech avec un reproche voilé.

– Je crois que vous n'approuvez pas qu'on mange sur
le lieu de travail, Meech ?

– Ce n'est pas à moi de critiquer, monsieur, répondit
Meech dignement. Mais on ne ferait jamais ça chez Truefitt.

La porte se ferma derrière lui, et Tony se tourna vers
son invitée qui sortait les sandwichs.

CHAPITRE TREIZE

– Brave type, ce Meech, remarqua Tony en s'asseyant. Mais il est un peu snob. Il ne vous laisse jamais oublier qu'il vient du grand monde.

Polly mâchait un sandwich avec le zèle plein de santé de quelqu'un qui a gagné son repas par une matinée de travail.

– Je me demande pourquoi il a quitté Truefitt, dit-elle.

– C'est l'un de ces noirs secrets si communs dans la haute coiffure, répondit Tony. On en entend des rumeurs de temps en temps aux clubs des super barbiers, comme le *Senior Bay Rum* ou le *Snippers*, mais personne ne sait jamais le fin mot de l'histoire.

– Peut-être qu'il était comte.

Tony réfléchit à la question.

– Possible. Mais je ne le pense pas. Nous autres, ex-comtes, avons un je-ne-sais-quoi d'indéfinissable qui nous rend reconnaissables sans risque d'erreur. Je ne détecte rien de tel chez George Christopher Meech. Personnellement, je crois que sa chute n'est due qu'à la plus pure chevalerie. Il a accepté le renvoi pour protéger le nom d'une dame.

– Quelle dame ?

Tony mangea pensivement un sandwich.

– Comme je vois la chose, reprit-il, c'était une petite manucure aux yeux bleus, frêle mais adorable. Son maigre salaire lui permettait à peine de nourrir son père invalide. Pendant un temps, tout alla bien. Chaque samedi elle rapportait sa mince enveloppe à la maison, et ils en dépensaient le contenu en loyer et épicerie, et une once de tabac pour le vieil homme. Et puis, un jour, en rentrant chez elle, elle trouva la tragédie qui l'attendait.

– Il n'était pas mort ?

– Pas mort. Mais il devenait chauve. Vous pouvez imaginer ce que cela signifiait. Il lui fallait une lotion spéciale. Et où pouvait-elle trouver l'argent pour acheter cette ruineuse lotion miracle ? Elle ne pouvait pas. Ce n'était pas possible. Tout le dimanche, jusque tard dans la nuit, Mabel (son nom était Mabel) pleura sur son infortune. Et puis, alors qu'elle mangeait son hareng saur, le lundi matin, au petit déjeuner, elle trouva la solution. Elle se souvint que monsieur Truefitt gardait une bouteille de lotion capillaire sur l'étagère du haut de la pièce où elle et George Christopher Meech travaillaient côte à côte depuis de longs mois.

Polly trembla.

– Elle ne va pas la voler ?

– Bien sûr que si ! affirma fermement Tony. Elle en a volé chaque jour quand Meech sortait déjeuner. Mais, quelques jours après, monsieur Truefitt demanda à Meech de passer dans son bureau privé.

Tony prit un autre sandwich et le mangea un moment en silence.

– Enfin, vous pouvez deviner ce qui était arrivé. Le vol avait été découvert. Monsieur Truefitt le dit carrément à Meech. Le coupable était ou Meech ou Mabel. Et Meech était pur comme l'agneau. Il pouvait donner son alibi, mais il préféra prendre le blâme sur lui. « C'est moi, monsieur Truefitt », dit-il d'une voix calme et assurée. Monsieur Truefitt fut visiblement secoué. « Réfléchissez, George, conseilla-t-il – gentiment, car il appréciait le type – vous avez vraiment fait ça ? » « Oui, monsieur, » répondit Meech. Il y eut un long silence. Monsieur Truefitt poussa un soupir. « Qu'il en soit ainsi, George, dit-il. Si vous le dites, je n'y peux rien. Que justice soit faite. » Et, cet après-midi-là, tous les assistants formèrent un cercle avec Meech au milieu, et monsieur Truefitt le déposséda solennellement de ses ciseaux.

– Quel homme ! soupira Polly avec respect.

– Monsieur Truefitt, ou Meech ?

– Meech.

– Un héros silencieux, admit Tony.

Il tendit la main vers la bouteille de champagne.

– Êtes-vous prête pour la cuvée Lucrèce Borgia ?

– Merci.

– Au fait, Freddie était ici ce matin.

– Vous l'avez vu ?

– Non, mais je crois qu'il va revenir.

– Je me demande comment ça se passe.

– Oui. Je serai content d'avoir des nouvelles.

Tony jeta à la bouteille un coup d'œil inquiet.

– Vous savez, je crois qu'on devrait d'abord essayer ce truc sur une souris. Ça pourrait être mortel.

– Je n'ai encore jamais bu de champagne.

– Et vous n'allez certainement pas en boire maintenant, assura Tony.

Il tira sur le bouchon et fit un rapport rassurant.

– Il a fait « Pop » quand même, constata-t-il avec satisfaction.

Il remplit les verres et poussa l'un des sacs de papier vers elle.

– Prenez un cornichon. Cela pourra améliorer le goût.

Polly but une gorgée.

– Je le trouve bon, déclara-t-elle.

Tony but aussi.

– Il pourrait être pire, admit-il. Il a un peu le goût du Derma Vitalis de Price.

Polly posa son verre.

– Je vous trouve merveilleux, dit-elle simplement.

– Moi ?

Tony, bien que ravi, était surpris.

– Pourquoi ?

– Peu d'hommes seraient d'aussi bonne humeur, dans votre position.

– Parce que je déjeune avec vous ? J'adore déjeuner avec vous.

– Vous savez ce que je veux dire. C'est certainement horrible de descendre aussi bas, après avoir été ce que vous étiez.

– Pas le moins du monde. Je n'ai jamais été aussi heureux que durant ces deux dernières semaines.

– Vraiment ? fit Polly un peu mélancolique.

– Je suis dans mon élément. Mes ancêtres étaient tous barbiers et, dans cette atmosphère de lotions et de brillantine, mon âme naufragée trouve enfin la paix.

Polly but un peu de vin, à petites gorgées d'oiseau. Son visage était pensif.

– Vous croyez vraiment que vous êtes le fils de madame Price ? demanda-t-elle enfin.

– Oui. Pas vous ?

– Non. Je pense qu'elle est cinglée.

– Voilà qui est très intéressant. Prenez un sandwich.

– Et, de plus, poursuivit Polly, mise au pied du mur, je ne crois pas qu'elle maintiendra ses affirmations.

– Non ?

– Non. Elle reviendra sur son histoire.

– Qu'est-ce qui vous fait penser cela ?

– Juste une idée.

– Vous a-t-elle parlé de tout ça ?

– Beaucoup. Chaque fois que je la vois. Elle est bourreléc de remords.

– Pauvre vieille chose, murmura Tony avec sympathie. Ce doit être une sale position que la sienne. Je pense qu'elle doit avoir la même impression que quelqu'un qui vient de craquer une allumette au-dessus d'un baril de poudre.

Polly lui dédia un regard admiratif. De toutes les qualités qu'elle appréciait chez un homme, la première était d'être bon perdant. Tony lui paraissait être le meilleur perdant qu'elle ait jamais connu. Pas une seule fois, depuis ce jour fatal, il ne s'était apitoyé sur son sort.

– Ce n'est certainement agréablc pour personne, dit-elle. Sir Herbert, par exemple. Ou Lady Lydia.

– Ou Freddie.

Tony se mit à rire.

– Pauvre vieux Freddie. Comme il doit détester tout ça.

– Et Slingsby. Imaginez ! Devoir appeler son neveu « Milord » !

– Une situation terrible, admit Tony. Une épreuve difficile à supporter. Oublions ça et demandons-nous plutôt où vous et moi allons passer l'après-midi.

– Nous allons quelque part ?

– Bien entendu. Vous devez passer l'après-midi au grand air, par une aussi belle journée. Je suis un homme d'affaires et je comprends que vous travaillerez bien mieux si vous avez de l'oxygène plein les poumons.

Polly le regarda d'un air bizarre.

– Vous ne devez pas me gâter ainsi, dit-elle. Rappelez-vous, il faudra que je continue à gagner ma vie quand vous serez redevenu comte.

– Vous voulez absolument que je redevienne comte. Personnellement, je ne crois pas. J'imagine plutôt que vous me trouverez, dans quarante ans de cela, en train de travailler ici, tout chauve mais avec d'immenses moustaches blanches. L'adorable vieux barbier, quoi. J'entends d'ici les gens qui diront : « Oh, allez donc chez ce brave vieux. C'est un personnage. »

– Dans quarante ans, vous serez un vieux comte goutteux, annonçant à qui veut l'entendre que le royaume part en quenouille.

– Vous croyez vraiment ?

– Je le sais.

Tony hocha la tête avec indulgence.

– Eh bien, si vous le dites… Comme le faisait remarquer monsieur Truefitt à Meech, je n'y peux rien. Je ne vois pas l'avenir comme vous. Mais nous nous éloignons de notre sujet. Où irons-nous cet après-midi ? À la rivière ? Dans le Sussex ensoleillé ? Faites votre choix.

Polly fit une drôle de grimace.

– Je ne crois pas que nous devrions sortir encore dans le side-car, dit-elle d'une petite voix.

– Pourquoi pas ?

– Oh, je ne sais pas.

– Pourquoi pas, Polly ?

Polly croisa bravement son regard, bien que ses lèvres tremblassent.

– Eh bien, écoutez, déclara-t-elle. Quand j'étais gamine, j'allais passer deux semaines, chaque été, dans la ferme de mon grand-père, dans le Connecticut. Et, ouah ! ce que j'aimais ça ! C'était comme le paradis. Mais, une année j'ai décidé que je ne voulais plus y aller. Vous voyez, j'aimais trop cela. Et je savais combien ce serait horrible quand ça serait fini.

Elle s'interrompit et détourna les yeux. En face d'elle, Tony eut un sursaut. Il lui prit la main.

– Polly… Vous voulez dire… Oh ! Diable ! dit Tony.

Il lâcha brusquement sa main. Le bruit d'une porte qui s'ouvrait et un courant de l'air de Mott Street sur sa nuque l'avaient averti qu'ils n'étaient plus seuls. Tony se retourna, ennuyé. Sa première pensée fut que George Christopher Meech était de retour, et il avait l'intention de dire fermement sa façon de penser à monsieur Meech. Puis il s'aperçut qu'il s'était trompé. L'intrus était Slingsby.

Le majordome était resplendissant, avec sa jaquette et son chapeau melon, sa tenue habituelle quand il se promenait dans Londres. Il haletait un peu, car le beau temps l'avait induit à faire à pied le trajet depuis Arlington Street, et sa condition physique n'était pas parfaite.

– Bonjour ! fit Tony.

– Bon après-midi, Milord.

Il y avait un respect bienveillant dans l'œil de Slingsby. Un berger, retrouvant l'agneau perdu qu'il avait toujours considéré comme son supérieur social, eût eu le même regard. La décision de Sir Herbert Bassinger de venir passer quinze jours à Londres avait rencontré la plus sincère approbation du majordome. Il en avait trop enduré depuis le départ de Tony de Langley End, et il lui tardait de le revoir pour lui confier ses ennuis.

Remarquant qu'un repas était en cours, il se glissa, avec efficacité, dans le rôle de toute sa vie. Sans autre parole, il s'avança vers la table, il se saisit de la bouteille, regarda l'étiquette, frémit, et versa le vin dans les verres. Cela fait, il se redressa et se tint, dans son attitude professionnelle, derrière la chaise de Tony.

– Voyons, Oncle Ted ! sourit Tony. Tu n'as pas à nous servir.

– Je préfère servir Votre Seigneurie.

– Je ne suis pas Votre Seigneurie, contra Tony. Je suis ton neveu.

– Je préfère considérer Votre Seigneurie comme Votre Seigneurie.

Polly, avec son tact féminin, résolut cette impasse.

– Nous avons fini, dit-elle. Au moins, j'ai fini. Et vous ?

– Tout à fait fini, répondit Tony.

Polly se leva et se mit à débarrasser la table. Elle le fit en experte, rassemblant les débris et les papiers avec un minimum de mouvements. Elle refusa d'un geste l'aide de Tony.

– Vous êtes sûre que vous pouvez transporter tout ça ?

– Absolument. Merci.

– Ce n'est pas trop lourd pour votre frêle constitution ?

– Je suis plus forte que je ne le parais, affirma Polly.

Elle ouvrit la porte du salon pour dames et sortit. Tony se leva et alluma une cigarette.

– C'est gentil à vous de venir me voir, assura-t-il. J'ai appris que la famille était à Londres. Comment cela va-t-il, à la maison ?

Un plissement accablé dépara le front placide du majordome.

– Il n'y a qu'un seul mot pour décrire la situation, Milord, répliqua-t-il d'un air sombre. Une abomination !

Tony souffla pensivement sa fumée.

– Abomination, hein ?

– Oui, Milord.

– Vous voulez dire que tout ne va pas pour le mieux ?

– Non, Milord.

– Eh bien, je ne sais pas ce qu'on peut y faire.

Tony s'assit sur la table.

– Vous voyez, mon cher ami…

Le majordome frémit.

– Vous voyez, mon cher ami, poursuivit Tony ignorant sa détresse, nous devons affronter les faits. Vous savez, et je sais que je ne suis pas Lord Droitwich…

Il n'était pas dans les habitudes de Slingsby d'interrompre la famille, mais il ne put s'en empêcher.

– Je ne sais rien de tel, Milord. J'ai surveillé le jeune Syd, et que personne ne vienne me dire que c'est un aristocrate. Un homme ayant, dans les veines, le sang de nobles ancêtres, proclama Slingsby en s'échauffant sur son thème, peut sans doute utiliser un couteau à poisson pour beurrer ses toasts, mais il ne prendra jamais un morceau de pain pour essuyer la sauce !

– Oh, il va apprendre. Vous devez lui laisser le temps.

– Je lui donnerais dix ans, rétorqua méchamment le majordome, si on me demandait mon avis.

Il allait continuer mais, à ce moment, la porte du salon pour dames se rouvrit pour laisser paraître une silhouette qui gela les mots sur ses lèvres.

– Oh ! s'écria-t-il. C'est toi, hein ? Je voulais justement te voir.

Ma Price s'étrangla silencieusement. Elle était très différente de la femme alternativement effrontée et lacrymale qui avait zigzagué dans l'ancienne demeure de Langley End, deux semaines auparavant. En fait, elle semblait en phase lacrymale, mais cette fois ses larmes n'étaient pas avinées. Elles venaient d'une douleur spirituelle plutôt que d'un stimulant alcoolique. Elle était tout satin noir et chagrin.

Polly, en entrant derrière elle, aperçut l'ample profil du majordome, menaçant comme un nuage d'orage.

– S'il vous plaît, ne soyez pas en colère contre elle, monsieur Slingsby, plaida-t-elle. Elle n'est pas heureuse.

Ma Price s'étrangla bruyamment. C'était l'équivalent d'un « Oyez ! Oyez ! » dans un meeting officiel. Elle n'avait pas passé deux bonnes semaines. La suggestion de Tony, quand il disait qu'elle devait avoir l'impression d'avoir gratté une allumette au-dessus d'un baril de poudre, n'avait rien d'excessif. Peut-être même n'allait-elle pas assez loin. En fait, elle avait l'impression d'avoir fait un trou dans une digue et de voir les habitants de la vallée périr par milliers.

Le majordome refusa de se détourner de sa victime.

– Et quel droit a-t-elle d'être heureuse ? demanda-t-il sans pitié. Après la façon dont elle a agi ?

Ma Price renifla misérablement.

– J'ai jamais voulu faire de mal.

– Bien sûr que non, la consola Tony.

Il alla vers elle et passa le bras autour de son ample taille.

– C'est très bien, Milord.

Slingsby était l'image de la malédiction.

– Mais, qu'elle l'ait voulu ou non, elle l'a fait. Je vous dis que mon sang se met à bouillir quand je contemple le jeune Syd. Je n'ai pas l'habitude, poursuivit amèrement le majordome, de servir dans des maisons où le soi-disant chef de famille offre, au milieu du repas, d'examiner le crâne de ses invités pour voir s'ils perdent leurs cheveux.

Polly sursauta.

– Il a fait ça ?

– Il l'a fait. Et il a dit à Sir Henry Peasmarch que, s'il ne faisait pas attention, il aurait bientôt besoin d'une moumoute.

– Une moumoute ?

– Un postiche, Milord, expliqua le majordome.

Tony était intéressé.

– Je dois prendre note de ce mot, remarqua-t-il. Utile. Une bonne phrase pour impressionner les clients.

Ma Price donna, pour la première fois, libre cours à son chagrin. Elle sanglota sans se cacher.

– Allons, remettez-vous, madame Price, recommanda Polly.

– Qu'est-ce que j'ai fait ?

Le majordome la considéra froidement.

– Je vais te dire ce que tu as fait. Tu as jeté Sa Seigneurie hors de sa demeure ancestrale, et tu as mis à sa place un ignoble coquin qui traite Sa Grâce le duc de Pevensey de vieil oignon.

– Pas le vieux Pevensey ? s'écria Tony, ravi.

– Si, Milord. En pleine figure. Sa Grâce parlait, de façon un peu autoritaire, comme à son habitude, et le jeune Syd lui a dit de se rappeler qu'il n'était jamais qu'un vieil oignon dans la soupe.

– Juste ce que j'ai eu envie de lui dire depuis des années.

Slingsby marqua sa désapprobation.

– Votre Seigneurie traite légèrement cette matière, mais je peux assurer à Votre Seigneurie que ce fut une scène extrêmement pénible. J'ai cru un moment que Sa Grâce allait avoir une attaque d'apoplexie.

– Mon Dieu, mon Dieu, mon Dieu ! marmonna Ma Price.

Elle regarda Polly d'un air inquiet. En nettoyant la table, Polly avait laissé la bouteille de champagne. Elle venait de la ramasser et se dirigeait vers la porte.

– Attention avec ce truc, Polly ! avertit Ma Price. Ne vous en approchez pas ! Le mal que ça fait !

Polly sortit avec la bouteille. Son départ sembla donner à Slingsby le sentiment réconfortant qu'on allait enfin pouvoir discuter des affaires de famille hors de la présence d'étrangers.

– Maintenant, toi ! intima-t-il sèchement. Parlons net. Que vas-tu faire à propos de tout ça ?

– Mon Dieu, mon Dieu, mon Dieu !

– Arrête de gémir, vieille casse-pieds !

Tony intervint.

– Doucement, Slingsby. Tempérez votre verbe acerbe d'une certaine réserve.

– Milord.

Le majordome accepta l'algarade avec un air réprobateur.

– Eh bien ? reprit-il

Sa sœur renifla.

– Ma tête me tourne, Théodore. J'sais plus quoi faire.

– Tu ne sais plus ? Bien sûr que si. Et, si tu ne le sais pas, je vais te le dire. Refuse absolument de donner ton témoignage. Oublie ton conte de fées. Nie toute l'histoire.

– Oui, peut-être.

Ma Price semblait douter.

– J'vais à la chapelle. Prier pour savoir quoi faire. Polly, ma chère, dit-elle à la jeune fille qui rentrait, je vais à la chapelle pour d'mander quoi faire. V'nez avec moi jusqu'au coin, mignonne.

– D'accord, madame Price.

Ma Price s'essuya les yeux.

– J'aurais dû savoir, gémit-elle, qu'y aurait un désastre. L'matin où j'suis allée à Langley End, j'avais cassé un miroir.

– Tu n'aurais pas dû regarder dedans, souffla Slingsby.

Tony le regarda, ahuri, quand la porte fut fermée. N'ayant connu Slingsby qu'à travers les devoirs de sa profession, portant toujours un masque suave pour cacher ses émotions les plus tempétueuses, il trouvait étonnant ce nouveau Slingsby. Il n'avait jamais supposé que son majordome pût être capable de dire des choses pareilles, et il était impressionné, comme on l'est toujours quand on voit un être humain révéler sa vraie nature.

– Vous êtes un homme dur, Slingsby, constata-t-il. Un artiste de la repartie, mais un homme dur.

Le majordome respira lourdement.

– Je me sens dur, Milord. Quand je pense au mal qu'a fait cette vieille folle, je me hérisse.

Tony sursauta.

– Vous vous hérissez ? Voulez-vous que je vous rase ?

– Non, merci, Milord.

Tony soupira. La vie n'était que frustration.

– Je meurs d'envie de raser quelqu'un. Un barbier n'est pas un barbier tant qu'il n'a pas vu le sang.

Le majordome fronça respectueusement, mais fermement, les sourcils.

– Je n'aime pas entendre Votre Seigneurie parler ainsi.

– Désolé, dit Tony. Nous autres professionnels vous savez, nous ne pouvons pas nous empêcher de parler boutique.

Il s'interrompit, étonné. Son interlocuteur venait de faire entendre un reniflement bruyant et inattendu. En même temps, une rougeur sombre lui était montée au visage. En se retournant, Tony en perçut la raison. Durant sa dernière remarque, une silhouette à l'allure abattue s'était manifestée sur le seuil. Un homme en habit de cavalier, mais qui n'arborait pas les manières alertes qui vont généralement avec ce costume.

– Aussi vrai que je respire ! s'écria Tony. Le cinquième comte de Droitwich en personne ! Entrez, mon vieux.

Syd n'obéit pas à l'invitation. Il considérait le majordome avec une hostilité morose. Durant son temps de probation à Langley End, l'antagonisme toujours latent entre eux semblait s'être intensifié. Il eût été difficile de dire lequel des deux regardait l'autre avec le plus de haine.

– Oh ! fit-il. Vous êtes là, vous ?

– Oui. Je suis là, répliqua le majordome lugubre.

L'air renfrogné de Syd s'accentua.

– En train de comploter derrière mon dos, hein ?

– Jeune Syd !

– Milord, pour vous !

– Gentlemen, intervint Tony apaisant, s'il vous plaît !

Il se tourna avec hospitalité vers l'arrivant.

– Prenez un siège.

– Préfère rester debout.

– Vraiment ? Une raison spéciale ?

– Oui, avoua brièvement Syd. Leçons d'équitation.

Tony était plein de sympathie. Il comprenait.

– Ça fait un peu mal, au début. Ne vous inquiétez pas. Vous serez bientôt un cavalier accompli.

– Un cadavre, plus probablement. J'ai été tellement jeté par terre que je suis plus un homme. J'suis un gros bleu à forme humaine.

Il fit une pause. Il semblait se demander s'il devait paraître remarquer le rire déplaisant qui venait d'échapper à Slingsby. Décidant de ne pas s'abaisser à cela, il poursuivit.

– On m'a raconté, dit-il en s'adressant à Tony, que deux d'mes ancêtres se sont tués en tombant de cheval.

Tony hocha la tête.

– C'est vrai. Un grand-père. Un oncle. Deux en tout.

– Alors, ça va bientôt faire trois, soupira Syd, morose.

– Eh bien, noblesse oblige.

– C'qui veut dire ?

– N'importe, fit Tony.

Le majordome s'insinua dans la conversation.

– Bien fait pour toi, jeune Syd.

– Pas d'insolence, manant !

– Messieurs ! s'interposa Tony.

Syd fronça les sourcils.

– C'est la faute d'Ma ! s'exclama-t-il avec colère. Si elle avait dit la vérité quand j'étais jeune, ça s'rait v'nu naturellement.

– Un homme est ce qu'il est, énonça Slingsby.

– Mêle-toi de tes affaires.

– Un homme est ce qu'il est, répéta fermement le majordome. Et celui qui veut se faire différent de ce qu'il est ne réussira qu'à ressembler à un singe savant. Quand tu auras appris toutes tes leçons, tu auras juste l'air d'une vieille femme qui s'est fait tirer la peau, et qui a peur de sourire de crainte que tout ne craque.

Syd s'étrangla.

– Tu crois que j'vais abandonner mon légitime héritage, s'pèce d'idiot ?

– Ne m'appelle pas idiot !

– Faut bien que quelqu'un l'fasse !

– Gentlemen ! pria Tony. Messieurs, voyons !

Slingsby, après ce dernier échange d'amabilités, en était venu, comme tant de fois par le passé, à la conclusion qu'il n'y avait rien à gagner à débattre avec Syd. La politique la plus sage était de l'ignorer. Il y mit un point d'honneur.

– Je vous souhaite une bonne journée, Milord, déclara-t-il. Je m'en vais.

– Oui. Cela vaut peut-être mieux, admit Tony, avant que
le sang ne coule. Revenez une autre fois.

– Merci, Milord.

Le majordome jeta un regard hautain à Syd et se retira.

– Alors, ils vous ont mené la vie dure, hein ? remarqua
Tony.

– Croyez ?

Le visage de Syd se tordit. Ses manières ressemblaient
à celles d'une victime de l'Inquisition qui, relâchée pour
un instant de la chambre de torture, s'entend demander par
un ami ce qui s'est passé à l'intérieur.

– Y a pas une minute où l'un d'eux s'met pas après moi,
pour me dire d'agir contre mes instincts.

Il soupira.

– J'sais bien que c'est par gentillesse, bien sûr. Ils essaient
seul'ment d'm'aider.

– Quel est le programme, en général ?

Syd Réfléchit.

– Ben, prenez aujourd'hui, par exemple. Visite au tailleur
avec mon frère Freddie. Sortie à cheval dans le *Row* avec
Freddie à deux heures et demie. Concert avec Lady L. à
cinq heures. Une conférence je ne sais où après dîner. Et,
quand tous les autres ont fini avec moi, c'est Slingsby qui
m'donne des leçons sur le vin et la cuisine. Comment on
mange, comment on boit, quand, pourquoi, avec quoi.

– Si vous montez avec Freddie à deux heures et demie,
n'êtes-vous pas un peu en retard ?

– J'serai plus qu'en r'tard, ricana amèrement Syd. J'irai
pas. J'lui pose un lapin.

– Et vous revenez à votre vieille boutique ?

– Ouais !

Syd inhala profondément.

– Ça sent bon, hein ?

– L'endroit vous manque ?

Cette innocente question parut faire sonner une alarme dans l'âme de Syd. Il jeta un regard rapide à Tony, un regard à la fois inquiet et sur la défensive, comme s'il soupçonnait un piège.

– Oh non, répondit-il avec une nonchalance mal feinte. Juste pensé à venir.

– Je vois.

– Nous autres, Droitwich, nous sommes comme ça. Impulsifs. Et y a une chose ou deux que j'voudrais prendre dans ma chambre. Pas d'objection ?

– Pas du tout. Rien n'a été enlevé.

– Vous vivez là-haut, maintenant ?

– Non. Je dors à mon club.

– Ma…

Il se corrigea.

– Madame Price est encore là, j'suppose ?

– Oui. Elle est sortie pour le moment. Partie à la chapelle.

– J'aim'rais bien revoir madame Price, dit Syd, nostalgique.

– Restez dans le coin, et vous la verrez. Au fait, demanda Tony, quand vous reviendrez, voulez-vous que je vous rase ?

Syd le regarda fixement.

– Vous laisser me raser ? Non, merci. Je suis pas fatigué de vivre.

– Allons, allons ! Ce n'est pas le courage légendaire des Droitwich !

– J'me fiche bien de c'que c'est, affirma fermement Syd. Sécurité d'abord, v'là ma devise. Croyez-moi, essayez pas d'raser avant d'être prêt pour ça. Si vous voulez faire quek'chose, coupez des ch'veux. Au moins, vous tuerez personne. Et n'essayez pas l'brûlage. L'brûlage d'mande une main sûre.

Sur cette maxime, il se retira.

– Le brûlage demande une main sûre, murmura Tony. J'apprends quelque chose chaque jour.

Il méditait encore sur cette vérité cardinale quand il fut interrompu par l'arrivée d'un autre visiteur.

– Salut, mon vieux Tony, salua Freddie en entrant.

CHAPITRE QUATORZE

Freddie avait changé de vêtements depuis sa précédente visite au salon, et il étincelait maintenant dans un élégant costume de cheval. Il considéra Tony avec une affection grave. Tony était ravi de revoir ce visage, naguère si familier.

– Ce vieux Freddie, par Jupiter ! Entre donc, que je te fasse une friction. Je t'aurais bien offert du champagne, mais la bouteille a disparu.

– Tu as l'air sacrément en forme, Tony. Je suis passé ce matin. On te l'a dit ?

– Oui. Désolé que tu sois parti avant mon retour. Je t'aurais invité à déjeuner.

– J'ai déjeuné avec Tubby Bridgnorth et son futur beau-père. Un vieux plus riche que Rockefeller et plus chauve qu'un œuf.

– Quel œuf ?

– N'importe quel œuf.

– Mais, pourquoi mentionner devant moi l'infortune de ce pauvre type ?

– Je lui ai recommandé le Derma Vitalis de Price et je crois qu'il est intéressé.

– Quel diable de fonceur tu es ! s'émerveilla Tony. Je vois. Bien sûr, ça va me faire le plus grand bien.

– Pourquoi à toi ?

– La formule est à moi, n'est-ce pas ?

Freddie pouffa.

– Ne sois pas idiot, mon vieux. Tu ne resteras plus longtemps dans cette échoppe.

– Tu crois vraiment qu'il y a une chance que Syd abandonne ses prétentions ?

– Une chance ?

Freddie pouffa derechef.

– Mon vieux, c'est absolument certain. L'homme faiblit à vue d'œil. Il me parlait, hier soir, de son ancienne vie de barbier sans souci. Il délirait d'enthousiasme, avec des larmes dans les yeux, à propos de Southend, de parties de fléchettes, et de quilles, et de jet de noix de coco, et de bigorneaux, et d'anguilles en gelée… Je te le dis, le type devient nostalgique. Positivement nostalgique.

Il s'interrompit soudain. Sa promenade dans la pièce l'avait amené devant un miroir et il resta là, à contempler son reflet. D'une main élégante, il se mit à se caresser le menton.

– Tiens, tiens.

– Que se passe-t-il ?

– J'ai besoin de me faire raser.

Quiconque a déjà vu un destrier tressaillir au son de la trompette, ne pourrait se méprendre à la vue de la réaction de Tony à cette remarque. Tout son corps tressaillit. Une étincelle d'excitation parut dans ses yeux. Il se lécha furtivement les lèvres.

– Vraiment ? dit-il d'une voix rauque semblable à celle de Moïse apercevant la Terre Promise du haut du mont Pisgah. Tu en as vraiment besoin !

Freddie n'avait pas remarqué ces manifestations. Il s'était assis sur un fauteuil et renversait la tête en arrière.

– Où est le type auquel j'ai parlé ce matin ? Le binoclard ?

– Tu veux parler de Meech, le transfuge de chez Truefitt ?

– C'est lui. Sonne-le pour qu'il se mette au travail.

– Laisse-moi faire, proclama Tony.

Il enveloppa sa victime dans une serviette et se mit à affûter un rasoir.

Freddie se redressa, alarmé.

– Qu'est-ce que tu fais ?

– Je prépare seulement les outils. Pour gagner du temps.

– Oh.

Freddie, soulagé, se remit en position allongée. Tony commença à faire mousser le savon à barbe. Son visage arborait une expression plutôt solennelle. Il y avait eu des moments, dans le passé, (comme, par exemple la fois où l'autre lui avait fauché son club de golf favori et l'avait cassé) où il s'était demandé pourquoi Freddie avait été mis au monde. Maintenant, il le savait. Et il réalisa soudain que la Providence ne fait jamais rien sans un but précis.

Freddie s'était remis à pouffer.

– Ma parole.

– Oui ?

– Nous avons obligé le jeune Price à monter à cheval.

– Oh ?

– Tu devrais le voir. Il tombe comme un sac de charbon.

Tony, quoique occupé à savonner les joues de son client, trouva le temps de donner un mot d'avertissement.

– Sois prudent, frérot. Imagine qu'il se brise le cou.

– Ne me fais pas saliver, mon vieux. Pf-ff-ff !

Tony suspendit son savonnage et le considéra d'un œil interrogateur.

– Que t'arrive-t-il ? Tu salives trop ?

– Tu me remplis la bouche de savon, idiot !

– Désolé. Le savonnage, c'est comme le brûlage ; ça requiert une main sûre.

Il termina le savonnage. Syd, de retour de sa quête, arriva à temps pour le voir saisir le rasoir et se pencher sur sa victime inconsciente. Freddie fermait toujours les yeux quand il se faisait raser, et il les fermait alors. Il ne craignait rien, car il avait entendu la porte s'ouvrir et supposait que c'était enfin le binoclard. Pas la moindre intuition qu'une malédiction le guettait. En fait, en ce moment, il se posait rêveusement la question de savoir si un bon vieux Martini dry ne valait pas mieux, quand on y songeait, que tous ces cocktails machin-truc qu'on vous faisait boire de nos jours. La voix douce de Tony s'insinua dans sa méditation.

– Tu sais, Freddie, disait Tony d'un air pensif, ce doit être un grand moment dans la vie d'un barbier, le premier client qu'il ne coupe pas.

Freddie ouvrit les yeux. Il sursauta. Il ressemblait à une sauvage créature des bois qui vient d'apercevoir un piège sous ses pas.

– Eh ! Ma parole ! Zut alors !

– Tout va bien, mon vieux.

– Bien ?

Syd ne put en supporter davantage. Il avait des picotements dans les doigts depuis un moment. Le vieux guerrier mourant d'envie de retourner sur le champ de bataille. La vue du savon à barbe, l'odeur du savon à barbe, toute la scène avaient réveillé en lui des instincts irrésistibles. Il bondit en avant avec un cri.

– Eh ! Donnez-moi ça !

Il arracha le rasoir de la main de Tony et leur fit face, résolu et plein de défi, comme Roland brandissant sa grande épée à Roncevaux.

146

– Ça m'fait grincer des dents, d'voir travailler un amateur.

Freddie, au lieu de lever les yeux au plafond pour remercier les puissances célestes, se mit à crier avec indignation.

– Tiens ! Que diable faites-vous ici ?

– Retournez dans vot'fauteuil.

– Oui, mais, enfin… Quoi…

– Vous allez rester tranquille ? fit Syd entre ses dents serrées.

Envolé, l'air lamentable avec lequel il était entré dix minutes plus tôt. L'air d'être le jouet du Destin, et un jouet tout décati, encore. Il était fort, dominateur. C'était un homme accomplissant sa tâche chez lui.

Freddie paraissait s'être résigné. Il semblait avoir décidé que la question de savoir pourquoi Syd était à Mott Street, Knightsbridge, au lieu d'être à Prince's Gate avec les chevaux, pouvait attendre. C'était un jeune homme plein de bon sens. Il avait besoin de se faire raser. Il allait être rasé par un expert. Laissons donc, raisonna-t-il, la chose se faire.

Il ferma les yeux et se rallongea dans son fauteuil.

– Allez-y, dit-il brièvement.

Tony considéra l'homme au rasoir avec une surprise exagérée.

– Comment, Lord Droitwich ! s'exclama-t-il.

Syd lui jeta un regard glacé.

– Oui. J'suis bien Lord Droitwich, affirma-t-il fermement. Et je laisserai personne dire le contraire. Mais je crève d'envie d'raser quelqu'un depuis des semaines.

– Je connais le sentiment.

– Pour le moment, vous m'regardez.

– Je vous regarde.

– Z'apprendrez bien des choses à r'garder travailler un artiste.

Tony se rapprocha.

– Je comprends, dit-il. Les coups se chevauchent et se recouvrent.

Syd respirait intensément. Ainsi eût respiré un chirurgien au milieu d'une opération capitale. Il était fier de son travail.

– Regardez-moi, répéta Syd. Vous d'vez étudier le grain du poil. La façon qu'il pousse. Vu ? Et le suivre, comme ça.

Il rasa Freddie de main de maître.

– Si vous allez dans l'autre sens, qu'est-ce qui s'passe ?

Il posait la question à Tony. Mais Tony, bien qu'il n'en fût pas conscient, ne composait plus son seul public. Durant ces remarques professionnelles, un petit groupe de trois personnes était entré dans le salon sans être vu de Tony ni de Syd. Lady Lydia Bassinger, parut d'abord, immédiatement suivie de Violet Waddington et de Sir Herbert. L'idée de faire une visite à Tony dès leur premier jour à Londres leur était venue instinctivement, comme elle était venue à Freddie. Et le spectacle du jeune homme qui bientôt, à moins d'un heureux miracle, allait devenir Lord Droitwich, en train de raser un client dans sa vieille boutique les avait rendus momentanément muets.

– Allez dans l'aut'sens, continuait Syd, et qu'est-ce qui s'passe ? Vous arrachez les follicules des racines. Y a eu un type qui travaillait pour moi, une fois… Un nommé Perkins… Jamais pu lui apprendre à suivre l'poil. Pas en un million d'années. « Jeune Alf, j'lui disais, vas-tu ou non »…

L'histoire, qui avait probablement une morale très utile, ne fut jamais révélée. Car, à ce moment, Lady Lydia donna libre cours à ses sentiments profonds, et elle les exprima par un cri du cœur.

– Eh bien, ça alors ! s'exclama Lady Lydia.

CHAPITRE QUINZE

Comme le savent les personnes larges d'esprit, un artiste doit être jugé sur l'ensemble de son œuvre, et non sur un échec occasionnel. Nous ne pouvons donc pas pointer le doigt de la censure sur Syd Price parce qu'il se rendit coupable en cette occasion d'une estafilade sur le menton d'un client. Sa réputation de meilleur barbier à l'ouest de Marble Arch ne doit pas en être ternie.

Néanmoins c'est ce qu'il fit. Cette soudaine interruption avait eu, sur lui, un effet dévastateur. Son rasoir expert glissa et Freddie, bondissant de son fauteuil avec un hurlement, enfouit son visage dans une serviette et remplit l'air d'amers reproches. Syd remarqua à peine la catastrophe. Il fixait les arrivants en blêmissant.

Tony fut le premier à parler.

– Eh bien, eh bien, eh bien. Voilà toute la famille.

Lady Lydia lui accorda un regard en passant.

– Comment vas-tu, mon cher Tony ? demanda-t-elle brièvement avant de se retourner vers Syd. Alors, c'est ainsi que vous vous conduisez dès qu'on vous quitte un instant des yeux !

Tony prit l'infortuné jeune homme par le coude et le poussa devant lui.

– Élie, commanda-t-il, faites face à la meute.

Freddie ne s'intéressait qu'à ses propres ennuis. Il s'examinait dans le miroir, les yeux exorbités d'inquiétude.

– Vous voyez ce que vous avez fait ? s'écria-t-il d'une voix tremblante d'auto-apitoiement. Quelle horrible blessure ! Et ça se prétend barbier !

Syd eût pu rétorquer que même les meilleurs barbiers sont sujets à des spasmes soudains quand on les dérange brusquement au milieu de leur travail, mais il prit un angle différent.

– J'me prétends pas barbier. J'suis un comte.

Sir Herbert renifla.

– Un bien joli comte !

Tony étudia le profil de Syd d'un air de doute.

– Joli, tu trouves ? demanda-t-il.

– Un comte d'un drôle de genre, corrigea Sir Herbert. Qui rase !

– Je pensais bien que l'odeur de sa brillantine natale lui manquait.

Ceci venait de Violet. Personne n'aimait beaucoup Violet, et cette remarque explique peut-être pourquoi.

Syd avait maintenant recouvré assez de forces pour discuter. La confiance commença alors à lui revenir. Il savait qu'il était un excellent raisonneur.

– D'accord, d'accord, d'accord ! dit Syd. Je suis désolé. Je peux pas m'en empêcher, s'pas ? si j'suis poussé par une impulsion. Nous aut' Droitwitch, on est impulsifs. J'suis venu ici pour récupérer des affaires à moi et, quand j'ai vu qu'mon p'tit frère allait se faire couper la gorge, j'y suis allé. Rien d'mal à ça, j'suppose ?

– Pas si vous pensiez que Freddie allait avoir la gorge tranchée, assura Tony.

– Elle est tranchée ! affirma Freddie. Je saigne comme une fontaine.

L'animation de Syd disparut. Douloureusement opprimé durant ces deux dernières semaines, il cédait sous le stress. Il posa le rasoir et fit un grand geste de désespoir.

– Oh, la barbe avec tout ça ! s'écria-t-il. J'en ai marre !

Il se dirigea vers la fenêtre et regarda dehors. Son dos était celui d'un homme qui a assez souffert.

Sir Herbert et Lady Lydia échangèrent un regard conspirateur de mari à femme.

– Je vois, dit Lady Lydia.

Il y eut une pause et elle parla doucement, sans son habituelle agressivité. Ses façons étaient celles d'une brave dame frappée au cœur par un ingrat.

– Vous êtes fatigué que l'on vous entraîne à tenir votre position ? Vous n'appréciez pas ce que l'on fait pour vous ? Eh bien, certainement, si vous ne voulez pas de notre aide…

Syd, galvanisé, se retourna, le visage alarmé.

– Mais j'ai pas dit ça !

– Alors, que diable pensiez-vous faire monsieur, demanda Sir Herbert, en agissant ainsi ? Vous êtes censé être en train de monter dans le *Row*, et nous vous trouvons à vous glisser subrepticement dans cet endroit où vos appétits les plus vulgaires…

– À quoi bon, demanda Lady Lydia, le mal que nous nous donnons pour vous éduquer si…

– Je suis désolé.

Tony s'agita, mal à l'aise. Jusqu'alors, il avait paru amusé. Il aimait cette solide comédie, et le spectacle de Freddie jaillissant de son fauteuil lui avait semblé des plus agréables. Mais maintenant, pour la première fois, il commençait à se rendre compte que la situation avait un côté pathétique. Il regarda Syd. Le pauvre diable avait l'air de vouloir rentrer sous terre. Tony se mordit la lèvrc.

Lady Lydia ne partageait pas ses scrupules. Elle poursuivait son assaut.

– J'ai bien envie de vous laisser complètement tomber.

Syd la regarda, piteux.

– Oh, dites pas ça. C'est juste que l'courage m'a un peu manqué. Y m'semblait, poursuivit-il d'un air malheureux, que j'faisais rien de bien. Et j'commençais à m'demander si j'avais pas les yeux plus gros que le ventre.

– Quelle métaphore révoltante, dit Lady Lydia en fermant les paupières.

– Si la besogne était pas trop pour moi, j'aurais dû dire.

– Une bien faible amélioration.

Freddie était toujours perdu dans sa propre tragédie.

– J'ai arrêté de saigner, annonça-t-il. Mais maintenant, j'ai la mâchoire tout endolorie.

– Désolé, bredouilla Syd.

– Il est trop tard pour être désolé, rétorqua Freddie avec humeur.

Lady Lydia ramena la conversation sur son sujet.

– Bon. Nous en discuterons plus tard, dit-elle. Pour l'instant, allez prendre votre leçon d'équitation.

– Équitation ? répéta Syd en pâlissant.

Il avait eu le faible espoir que, dans tout ce méli-mélo, on aurait oublié cette histoire d'équitation.

– Murgatroyd vous attend à Prince's Gate avec les chevaux depuis deux heures et demie.

– Et, si vous n'avez aucun respect pour le beau nom des Droitwich, explosa Sir Herbert, au moins, ayez-en pour les chevaux.

Même Freddie, presque un cadavre, pourrait-on dire, fut impressionné par ceci.

– Oui, ciel et terre ! dit-il. Ils doivent être en train de geler. Allons-y.

Ce que Tony eût appelé l'esprit de Croisés des Droitwich avait totalement cessé d'habiter le malheureux jeune homme qui se prétendait leur descendant. Syd paraissait pétrifié.

– J'peux pas y aller, gémit-il. Si vous voyiez mes bleus, vous auriez pas l'cœur d'm'y envoyer. Ma cuisse droite r'semble plus à un coucher de soleil qu'à une jambe humaine.

– Je vote, intervint Violet, pour que ce gentleman nous montre sa cuisse droite.

Une fois de plus, Tony s'agita, mal à l'aise. Il ressentait l'impression que l'on a en regardant un match de boxe trop déséquilibré. Ceci n'était pas juste.

– Bleu ou pas bleu, déclara pompeusement Sir Herbert, vous devez apprendre à monter à cheval. Êtes-vous conscient que, en tant que comte de Droitwich, vous serez naturellement M. H. F de Maltbury ?

– Je suppose que vous pensez, minauda Lady Lydia, qu'un maître des chiens peut suivre la meute à bicyclette ?

Syd s'entêta sous ce barrage.

– Si on m'demandait mon avis, on arrêterait les chasses à courre à Maltbury et on tirerait au fusil sur les renards.

Un silence de plomb suivit cette remarque. Sir Herbert se détourna avec un calme glacé.

– Inutile, Lydia, soupira-t-il. Autant abandonner cette tâche impossible. Qu'il mijote dans son propre jus. S'il ne veut pas se mettre à la hauteur de sa position, qu'il fasse ce qu'il veut.

L'air de défi de Syd s'évapora. Sa capitulation fut proche de la panique.

– J'irai, promit-il désespéré. J'irai. Encore heureux qu'la poussière soit assez molle dans le *Row*.

– Attendez une minute, intervint Tony.

Sur son visage, habituellement jovial, un nuage passait. Il voulait remettre les choses dans le bon sens.

– Attendez une minute, répéta-t-il. Écoutez Syd, vous vous conduisez comme un idiot. Ils se moquent de vous.

– Tony ! hurla Lady Lydia.

– Vous n'avez absolument pas besoin de monter à cheval si vous n'en avez pas envie.

Syd s'était arrêté sur son chemin vers la porte et le regardait maintenant avec des yeux étrécis. Cockney jusqu'à la moelle, il avait le soupçon rapide de tout bon cockney pour cette subite gentillesse.

– Qu'est-ce qui vous fait dire ça ?

– Je suis désolé pour vous.

– Oh ? ricana Syd amèrement. Pensez qu'vous êtes habile, hein ?

– Que voulez-vous dire ?

– J'comprends vot'pensée, expliqua Syd avec l'air d'un homme qui arracherait le masque d'un serpent. Voulez pas qu'j'apprenne, s'pas ? Voudriez les empêcher d'm'entraîner pour que j'me rende ridicule quand mon affaire arrivera à la Cour ? Ça vous arrangerait, hein ? Eh ben, j'vais aller à ma leçon d'équitation, vu ? Même si j'dois finir avec plein de couchers de soleil partout.

– Et n'oubliez pas le concert à cinq heures, ajouta Lady Lydia.

– Concert ?

La mâchoire de Syd s'affaissa.

– Zut ! J'avais oublié. D'accord, tantine, j'y serai… Quelle vie !

Il se retira comme un martyr partant pour le bûcher. Freddie, après un dernier coup d'œil à son reflet dans le miroir, le suivit. Le futur immédiat était presque aussi sombre pour lui que pour son compagnon de promenade si réticent.

– Je vais avoir du succès, dans le *Row*, certainement, remarqua Freddie morose, avec cette balafre de vingt centimètres sur la joue !

CHAPITRE SEIZE

À l'intérieur du salon de coiffure, la sévérité du Conseil de famille se détendit pour faire place à un concert de congratulations ravies. Sir Herbert qui, durant la scène précédente, avait joué le rôle d'un juge intègre en face d'un criminel particulièrement endurci, redevint l'aimable gentilhomme campagnard que la nature l'avait fait être. Lady Lydia et Violet arboraient un sourire heureux.

Seul Tony ne se joignait pas au groupe. Il avait toujours l'air soucieux, et il considérait amèrement ces masques hilares.

– Capital ! s'écria Sir Herbert.

– Oui, je dois admettre, remarqua Violet, que vous semblez en venir à bout.

– Encore une semaine, promit Sir Herbert, et il jette l'éponge.

Lady Lydia souriait à Tony.

Violet lui dédia aussi un regard approbateur.

– Ce fut un coup de maître, dit-elle, de lui avoir fait croire que vous aviez pitié de lui.

– Oui, insista Lady Lydia. Tu as été vraiment habile, mon petit.

– Positivement machiavélique, renchérit Violet. Je ne savais pas que vous étiez aussi subtil.

Tony n'accepta pas cette tournure d'esprit.

– Vous intéresserait-il de savoir, demanda-t-il, que je pensais exactement ce que j'ai dit ?

– Quoi ?

– Je suis désolé pour lui.

La joie de Sir Herbert décrut.

– Que veux-tu dire ?

– Tony, assura Violet, vous déraisonnez.

– Je vous dis que je suis désolé pour ce pauvre diable, répéta Tony têtu. Je n'ai jamais aimé cette idée de le harceler et de lui en faire baver. Et maintenant, je trouve que c'est vraiment moche.

Lady Lydia en chevrota presque d'indignation.

– C'est la seule façon de le faire renoncer à ses prétentions.

– Peu m'importe. Ce n'est pas sportif.

– Sportif ! ricana Sir Herbert.

– Non, ça ne l'est pas, insista Tony. Et j'ai toujours cru que la seule excuse pour les gens comme nous, c'est notre esprit sportif. Chaque fois que j'avais, jadis, un remords de conscience à la pensée que je vivais comme un coq en pâte sans rien faire pour le mériter, je me consolais en me disant : « au moins, je suis un sportsman ». Et me voilà en train de me prêter à une conspiration pour spolier ce pauvre type de son droit.

Sir Herbert était trop sidéré pour ricaner encore.

– Tu parles comme un idiot !

– Il parle, dit Violet avec acidité, comme ces hommes grimpés sur des boîtes à savon, dans Hyde Park.

– Je me moque de la façon dont je parle, fit Tony. Je ressemble peut-être à un orateur de Hyde Park. Mais vous ne pouvez pas nier que vous jouez un bien triste jeu.

– Puis-je te faire remarquer…

L'emphase était redescendue comme un brouillard sur Sir Herbert.

– Puis-je te faire remarquer que nous le faisons entièrement à ton bénéfice ?

– Oui, remarqua Lady Lydia. Tu parais l'avoir oublié.

– Souffle, souffle, vent glacé de l'hiver ! cita Violet. Tu n'es pas aussi méchant que l'ingratitude de l'homme.

Si elle avait l'intention, avec ses récitations d'écolière, de détendre l'atmosphère et de ramener un sourire sur les lèvres de son fiancé, elle échoua lamentablement. Tony lui adressa un regard malveillant. Plus que jamais, il se demandait comment il avait pu être assez idiot pour se lier à une fille aussi désagréable.

– Oh, pour l'amour de Dieu ! supplia-t-il. N'essayez pas d'être drôle !

Violet s'immobilisa.

– Je vous demande pardon ? dit-elle, glaciale.

Tony en appela à Sir Herbert. Il pouvait comprendre, chez les femmes, un certain aveuglement à l'esprit sportif, mais il avait toujours considéré le baronnet comme un strict observateur du Code.

– Ne comprends-tu pas ce que je veux dire ? demanda-t-il désemparé. Ne vois-tu pas combien il est brutal de forcer à aller faire du cheval un homme qui refuse même de s'asseoir sur un fauteuil capitonné ?

– Le bistouri du chirurgien, mon garçon.

– Oh, tu me rends malade !

Il y eut un silence consterné.

– Eh bien, ma parole… commença Sir Herbert offensé.

Tony avait suffisamment le sens de la correction pour sentir qu'il devait s'excuser.

– Je suis désolé. Je n'aurais pas dû dire ça. Mais…
Enfin…

Il chercha les mots qui pourraient faire passer son point
de vue à travers le nuage empoisonné des préjugés.

– Pensez au cricket ! termina-t-il lamentablement.

Lady Lydia ramassa le mot avec tout l'art d'un dialec-
ticien entraîné.

– Mais ce n'est pas du cricket ! C'est quelque chose de
bien plus sérieux.

– Ne comprends-tu pas, demanda Sir Herbert, que, si
ce type gagne, ce sera une menace pour toute la noblesse ?

– Quelle bêtise ! Il y a déjà eu des roturiers dans la
noblesse.

– Mais ce n'est pas la tradition. Les Droitwich sont la
tradition. Depuis des siècles, nous disons que bon sang
ne saurait mentir et nous parlons de l'héritage sacré de la
naissance, et voilà qu'arrive ce type, avec dans les veines le
sang de je ne sais combien de comtes, qui agit comme un
marchand de quatre saisons et qui traite les gens d'oignons.

– Et tout le système social britannique, ajouta Lady Lydia,
repose sur le principe que l'homme qui a des ancêtres ne
peut pas être vulgaire.

Tony refusa de céder d'un pouce.

– Peu importe. Dieu sait que je n'apprécie pas particulièrement Syd, mais il a le droit d'être traité avec justice.

Les lèvres minces de Violet se tordirent. Ses yeux étincelaient de la volonté glaciale et militante qui avait permis
à son père d'amener les Quatre-vingt-dix-sept Soupes à
triompher dans les assiettes d'un monde hostile.

– Alors, finissons-en avec les discours, dit-elle. Que
proposez-vous exactement de faire ?

– Je propose de dire la vérité à Syd.

– Qui est… ?

– Qu'il peut agir comme bon lui semble. Qu'un comte n'est pas obligé de monter à cheval s'il n'en a pas envie… Ou d'aller au concert… Ou d'être un modèle de conduite et de vertu.

– En d'autres mots, conclut Sir Herbert, ruiner toutes nos chances.

– Je pense que tu dois être devenu fou, constata Lady Lydia.

Tony sourit ironiquement.

– Probablement un héritage de mon arrière-grand-père, déclara-t-il. Avez-vous entendu parler de lui ? On l'appelait Price le Cinglé. Il avait une échoppe à St James, et jouissait du patronage du Malborough Club. Mais il dilapida sa fortune en inventant un excellent dépilatoire, alors les gens de Bond Street s'en sont mêlés et lui ont enlevé son commerce. C'est comme cela que nous nous sommes installés à Knightsbridge.

– Il y a un moment, dit Violet, vous me demandiez de ne pas essayer d'être drôle. Puis-je vous faire la même requête ?

Tony hocha la tête.

– D'accord. La comédie est finie. Alors, quoi ?

– Quoi ? fit Violet. Peut-être maintenant pourrions-nous consacrer un moment à ma position ?

– Oui, intervint Sir Herbert. Que devient-elle ?

– Pour l'amour de Violet, insista Lady Lydia tu n'as pas le droit d'abandonner toute chance de gagner.

Tony resta un moment silencieux. Il regardait Violet.

– Je vois. Bien entendu, je pense que vous ne voudriez pas épouser un barbier.

– Vous supposez justement.

– Alors, si je lui dis la vérité, vous me rendrez ma liberté ?

– Vous essayez de me donner le mauvais rôle, n'est-ce pas ?

– Nullement. Je...

– Peu importe, protesta Violet. Très bien. Si vous êtes assez extraordinairement honnête pour permettre à un homme d'atteindre une position que, vous le savez parfaitement, il ne peut pas assumer...

– Là n'est pas la question.

– ...et dans laquelle il ne sera pas heureux.

– La question n'est pas là non plus.

Les yeux de Violet se glacèrent.

– Eh bien à votre question, dit-elle, je répondrai que, si vous faites cela, je romps. Est-ce clair ?

– Très clair.

Sir Herbert était abattu. En tant que comte de Droitwich, Tony était assez confortablement pourvu en ce qui concernait les biens de ce monde, mais pas suffisamment, de loin, (avec les droits de succession et les taxes immobilières et tout le reste) pour abandonner de gaieté de cœur toute relation avec l'héritière des Quatre-vingt-dix-sept Soupes Waddington.

– Voyons, voyons, écoute, plaida-t-il. Tu n'as certainement pas besoin de...

Il s'interrompit sans terminer sa chanson. Nul ne devait jamais connaître l'argument péremptoire à l'huile surfine qu'il était en train de concocter. Polly Brown, ayant conduit Ma Price jusqu'au coin de la rue, était revenue à la boutique. Elle était maintenant à la porte, bien à portée d'oreille de ce débat de famille tellement délicat et privé.

Elle parut embarrassée de s'immiscer dans cette scène.

– Oh... Je vous demande pardon... commença-t-elle.

– Entrez, invita Tony. Nous avons dit tout ce que nous avions à dire. Vous l'avez bien mise sur la route ?

– Oui.

– Qui ? demanda Sir Herbert.

– Madame ma mère, expliqua Tony. Polly l'a escortée à la chapelle.

Violet regarda Polly.

– Polly ? répéta-t-elle d'une voix mielleuse. Comme c'est mignon. Vous l'appelez par son prénom ?

– Mais, interrogea Lady Lydia, intriguée, que va-t-elle faire à la chapelle un samedi ?

– Oh, nous prions tout le temps, nous autres Price, remarqua Tony.

Lady Lydia eut soudain une grande idée.

– Herbert ! s'écria-t-elle.

Violet s'intéressait toujours à Polly.

– Je suppose, disait-elle, que vous et Lord Droitwich avez passé beaucoup de temps ensemble, ces temps derniers ?

– Oui, admit Polly.

– Comme c'est gentil ! persifla Violet.

– Herbert ! s'écria donc Lady Lydia inspirée. J'ai une idée. C'est maintenant qu'il faut aller voir cette horrible femme pour essayer de lui faire entendre raison.

Un soupçon de ce qui se passait dans l'esprit de son épouse semblait avoir touché celui de Sir Herbert.

– Par Jupiter ! Tu veux dire…

– Si nous la rencontrons quand elle sortira de la chapelle, nous pourrons la trouver dans un état de faiblesse…

– Grand Dieu ! Tu as tout à fait raison !

Lady Lydia, la respiration rapide, se tourna vers Polly. En dépit de l'attitude folle de Tony, la victoire pouvait encore advenir à la onzième heure. Lady Lydia connaissait les Ma Price de ce monde. Il est notoire qu'elles ne sont jamais aussi capables d'entendre raison que quand elles sortent d'une chapelle. Attrapez-les alors, et elles sont aussi malléables que de la glaise.

– Où est la chapelle ?

– Au bout de la première rue à gauche.

– Lydia ! cria Sir Herbert avec la même animation que s'il venait d'apercevoir un renard surgissant d'un hallier. Viens !

Et son épouse n'était pas en reste. C'était comme si elle avait, elle aussi, repéré le gibier.

– Avec toi, Herbert ! répliqua-t-elle comme si ces mots sonnaient la vue.

– C'est notre grande chance, affirma Sir Herbert avec émotion. Nous ne devons pas la manquer.

Ils filèrent hors de la boutique comme des chiens de meute sur la piste. Tony se tourna vers Violet.

– Vous n'allez pas avec eux ?

Ses manières étaient distantes. Celles de Violet également.

– J'ai des courses à faire. Je vais laisser ma voiture ici et je reviendrai la reprendre.

Elle se dirigea vers la porte.

– Vous penserez à ce que je vous ai dit ?

– J'y pense.

Violet regarda Polly. C'était un regard désagréable.

– Bien entendu, reprit-elle, quand j'ai dit cela, j'ignorais combien le salon de coiffure de Price contenait d'agréments.

– Ses traditions ?

– Son personnel, lança Violet. Au revoir.

CHAPITRE DIX-SEPT

Le départ soudain de l'héritière des Quatre-vingt-dix-sept Soupes Waddington, suivant de si près la disparition encore plus soudaine de Sir Herbert et de Lady Lydia, eut pour effet de laisser Polly un peu étourdie. Elle s'assit dans le fauteuil réservé aux clients et dirigea vers Tony un regard quelque peu abasourdi. Lui, au moins, semblait solide dans ce monde tourbillonnant, bien qu'elle n'eût été qu'à moitié surprise de lui voir suivre ce qui paraissait être la nouvelle mode en bondissant brusquement vers la porte. Depuis son retour dans la boutique, les gens semblaient sortir par cette porte comme autant de lapins.

– De quoi parlait-elle ? demanda Polly.

– De rien, répondit Tony. Des bêtises.

Son visage s'était illuminé d'un sourire heureux et ravi. Pour Tony, tout semblait être pour le mieux dans le meilleur des mondes. Il était enfin libre, et il exprima son appréciation de ce fait en poussant un profond soupir de soulagement.

Polly ne pouvait se satisfaire d'explications aussi évasives. Elle avait l'impression d'avoir été prise dans une sorte de cyclone. Elle n'avait pas la moindre idée de ce qui avait causé ce cyclone, mais elle reconnaissait une atmosphère de nerfs tendus et de mauvaises humeurs quand elle en voyait une.

– Elle avait l'air en colère après vous, remarqua-t-elle.

– Elle l'était.

– Pourquoi ?

– Pourquoi pas ?

Polly, comme toute femme, en vint droit au cœur du problème. Elle désapprouvait ces dérobades masculines. C'était une fille qui aimait savoir exactement où elle en était.

– Vous n'êtes plus fiancés ? demanda-t-elle.

– Plus maintenant, dit Tony.

Sa voix trahissait une profonde satisfaction. La lueur heureuse de ses yeux grandit quand il la regarda.

– Ces cloches de noces ne sonneront pas, ajouta Tony.

Il contempla Polly avec tendresse. Dans ses rapports avec la jeune fille, jusqu'à ce moment, il avait toujours été gêné et handicapé par la pensée que, avec Violet Waddington toujours en position de détenir – et probablement de réclamer – une option sur sa pauvre personne, il n'avait pas le droit de se permettre cette expression libre des sentiments sans laquelle un amoureux perd ses moyens dès le départ. Maintenant, tout obstacle entre eux avait disparu et Polly, bien qu'elle n'en fût pas consciente, avait devant elle le mâle conquérant.

– Mes fiançailles, Dieu merci, reprit Tony, sont rompues.

L'occasion semblait plutôt aux félicitations qu'au témoignage de commisération. Polly inclina la tête avec philosophie.

– Je pense que vous avez de la chance, dit-elle.

– Moi aussi.

– Je n'ai jamais encore rencontré une fille de la haute société qui n'ait pas un cœur de poisson mort, affirma

Polly avec l'air de quelqu'un qui sait. Bien sûr, elle est jolie à regarder.

– Je le suppose.

– Mais, est-ce que c'est ce qui compte ?

– Pas du tout.

La curiosité féminine de Polly s'accrut.

– Pourquoi vous êtes-vous fiancé avec elle ?

– Oh, ce sont des choses qui arrivent.

– J'imagine.

Un bref silence tomba sur le salon capillaire de Price. Le bruit de la circulation arrivait de Brompton Road. Londres allait à ses plaisirs et à ses affaires, inconscient des choses passionnantes qui étaient sur le point d'arriver dans Mott Street. Polly leva les yeux et se regarda dans le miroir. Tony ramassa un exemplaire du *Tatler* et s'en servit pour essayer, sans grande conviction, d'écraser une mouche qui passait par là. Il manqua la mouche qui poursuivit son chemin avec un haussement d'épaules.

Tony reposa le *Tatler*.

– Ma parole, fit-il.

Polly se retourna.

– Oui ?

Tony redressa sa cravate.

– À propos de fiançailles…

– Oui ?

– Meech me parlait des siennes cet après-midi.

– Monsieur Meech ?

– Oui.

Quelque chose heurta la porte. Apparemment, l'un des enfants, dont la présence donne tant de vie et de gaieté à Mott Street, venait d'y jeter une vieille chaussure. Tony resta au milieu de la pièce, se tordant les mains. Polly avait pris une bouteille de Derma Vitalis de Price et en lisait le mode d'emploi avec un intérêt passionné apparent.

– J'ai toujours pensé que monsieur Meech était marié, dit-elle.

Tony secoua la tête.

– J'admets qu'il a cet air écrasé et languissant des hommes mariés, mais, pour l'instant, il n'est que fiancé.

Polly reposa la bouteille.

– Il a été fiancé deux fois, poursuivit Tony. Ce qui montre bien qu'il y a de l'espoir pour tout le monde.

L'enfant qui avait jeté la chaussure (ou peut-être un autre enfant) commençait maintenant à crier fort mais de manière inintelligible à un second (ou peut-être troisième) enfant dans la rue au-dehors. Polly attendit que le brouhaha cessât.

– Pourquoi vous intéressez-vous tellement à monsieur Meech ? questionna-t-elle.

– Pas à Meech. Seulement à ses méthodes.

– Ses quoi ?

– Ses méthodes. Ses systèmes. Ses façons de se fiancer.

– Oh ?

– C'était très éducatif d'écouter Meech parler de ses méthodes.

– Quelles sont-elles ?

Quelque chose de l'embarras qui paraissait affliger Tony semblait le quitter maintenant. Il répondit de la façon assurée d'un homme qui voit clairement son chemin tout tracé devant lui. Il avait l'air d'un acteur qui vient d'entendre la bonne réplique.

– Eh bien, apparemment, elles varient. Avec sa première jeune dame, il a été prudent.

– Prudent ?

– Procédant par allusions, si vous voyez ce que je veux dire.

– Je ne vois pas.

– Eh bien, ils étaient assis dans un cimetière et il lui a demandé si elle voudrait voir son nom à lui inscrit sur sa tombe à elle.

Polly y réfléchit.

– Pas terrible, fut son verdict.

– Et cependant, d'un autre côté, pas si mal, contra Tony, puisque ça a marché.

– Elle a dit qu'elle aimerait voir son nom à lui sur sa tombe à elle ?

– Oui. Pas immédiatement, bien entendu, mais après de longues et heureuses années.

– Et la seconde ?

– Ah, là c'était différent. Vous voyez, le cinéma était arrivé, alors.

– Qu'est-ce que le cinéma vient faire là-dedans ?

– Beaucoup de choses. Il a changé radicalement sa méthode d'attaque.

Polly plissa le front.

– Il l'a demandée en mariage au cinéma ?

– Il a fait mieux que ça. Il avait observé ses réactions quand, dans les films, le héros embrassait l'héroïne, et elles lui avaient paru favorables. Alors, un jour, il joua le tout pour le tout. Il la prit dans ses bras.

– Et il l'embrassa ?

– Il l'embrassa avec une passion si féroce qu'elle sembla tourner en gelée. Enfin, c'est ce que j'ai compris d'après ce qu'il m'a dit. Il n'a pas donné de détails. Il a seulement dit qu'il l'avait embrassée. Mais vous imaginez bien comment embrasserait Meech.

Cette fois, Polly apprécia. Les femmes, c'est bien connu, admirent les fonceurs. Meech monta dans son estime. Elle n'en avait jamais eu le moindre soupçon, mais, apparemment, chez cet homme, couvait un feu authentique. Quelle importance, songea-t-elle, que ses moustaches tombent, si son âme s'envole ?

– Quel homme ! soupira-t-elle.

– Quel – comme vous le faites justement remarquer – homme, admit Tony, Alors, je suppose que des deux méthodes vous choisissez la seconde ?

– Bien entendu.

– Vous êtes sûre ?

– Absolument.

– Parfait, dit Tony. J'ai préféré demander.

Et, sans autre préambule, il fonça vers elle avec une maestria digne de Meech, la souleva avec le joyeux abandon d'un meunier portant un sac de farine, et l'embrassa.

Il l'embrassa un bon moment. C'était ce qu'il voulait faire depuis des semaines et, maintenant que l'opportunité se présentait, il ne lésina pas. Il embrassa sa bouche, ses yeux, ses cheveux, son menton et le bout de son nez.

– Oh, Polly ! murmura Tony.

Elle se dégagea, hors d'haleine.

– Oh, Tony ! haleta Polly.

Les mots étaient simples, mais ils disaient sans ambiguïté ce qu'ils voulaient dire. Et, s'ils avaient eu quelque chose d'obscur, ses yeux brillants eussent fait office d'interprètes.

Les blaireaux, les bouteilles de brillantine, le cuir à rasoir et les réclames sur les murs regardaient cette scène avec un détachement qui suggérait leur désapprobation. Rien de ce genre, semblaient-ils dire, n'était arrivé au Salon de coiffure hygiénique de Price depuis sa création, aux jours de la Régence[1].

– Vous m'aimez ? demanda Tony.

– Bien sûr que je vous aime.

Tony s'était calmé. Il s'assit sur le bord du lavabo et la contempla avec une satisfaction infinie.

– Ne me parlez pas sur ce ton désinvolte, déclara-t-il, comme si c'était la chose la plus simple du monde. C'est drôlement difficile de m'aimer. Aucune fille ne l'a jamais fait avant vous. Maintenant, vous aimer, vous… eh bien, c'est du gâteau.

– Vraiment ?

– Certainement. Tout le monde pourrait vous aimer. Moi, ça ne m'a pris que deux secondes. Au moment où je vous ai vue jaillir des buissons et vous jeter sous ma voiture, je me suis dit : voilà la fille que je vais épouser.

– Ce n'est pas vrai !

– Si ! Dès cet instant-là.

– Mais, qu'est-ce que vous pouviez bien me trouver ?

– J'ai aimé la façon gracieuse dont vous avez voltigé dans les airs.

Polly se blottit contre lui.

– J'aurais bien voulu ne pas m'évanouir ce jour-là, dit-elle d'une voix douce et pleine de nostalgie.

– Pourquoi ?

– Ç'aurait été si merveilleux de sentir que vous me portiez dans vos bras. J'ai manqué ça. La seule chose dont je me souvienne, c'est que j'étais allongée sur le canapé.

– Eh bien, voyons si vous aimerez ça maintenant, proposa Tony.

1. 1811-1820 (ndt).

Il la souleva et se mit en route à travers la pièce. Il la soupesa d'un air pensif.

– Vous devriez manger des nourritures plus riches, remarqua-t-il.

– Pourquoi ?

– Ce n'est pas bon pour une fille de ne peser que dix kilos.

– J'en pèse cinquante-deux.

– Non-sens !

– Mais si !

– Alors, je suis extraordinairement costaud. On dirait une plume. Suis-je une espèce de demi-dieu, ou est-ce l'amour qui me donne cette illusion ?

– Vous êtes merveilleux ! Mais… Oh, Tony.

– Quoi ?

Elle se dégagea de ses bras. Son petit visage était sérieux. La brume opalescente du bonheur commençait à disparaître de ses yeux. Pendant un bref instant, elle s'était laissé aller à la magie du moment, mais maintenant son bon sens natif reprenait le dessus.

– Bien sûr, reprit-elle avec un soupir de deuil pour les rêves qui doivent mourir au réveil, c'est impossible.

Tony la regarda, attristé. Il était choqué de sa remarque. C'était une remarque stupide, indigne de la reine de son sexe.

– Impossible ? Pourquoi impossible ?

– Vous ne pouvez pas m'épouser. Vous devez épouser quelqu'un de votre milieu.

– Que voulez-vous dire ? Mon milieu ?

– Eh bien, supposez que la Cour décide que vous êtes un comte ?

– Écoutez ! proclama Tony avec emphase. Suivez attentivement ce que je vous dis, femme, car je ne le répéterai pas. Si je suis comte, alors vous serez comtesse.

– Je ne pourrais pas.

– Il le faudra bien. Féminin de comte : comtesse. On ne vous a rien appris, à l'école ?

– Mais, ne voyez-vous pas…

– Je suis absolument sûr que je refuserai d'être comte si vous ne voulez pas être comtesse. C'est la première condition que j'y mets.

Polly le regarda, les yeux embués.

– Vous m'aimez vraiment tant que ça ?

– Est-ce que…

Tony s'étrangla.

– Vous n'avez pas écouté ? demanda-t-il avec indignation.

Polly revint dans son rêve.

– Oh, Tony ! murmura-t-elle.

– Oh, Polly ! réitéra Tony.

Il se laissa glisser du lavabo et l'enlaça avec une fougue à laquelle même Meech eût pu prendre quelques leçons.

– Quelle chance extraordinaire que nos parrains et marraines nous aient appelés ainsi. Tony et Polly… On ne peut pas trouver deux noms qui aillent mieux ensemble. Comme ils roulent sur la langue. « Tony et Polly viennent pour le week-end »… « Quoi, vous ne connaissez pas Tony et Polly ? »… Un couple délicieux, Tony et Polly.

– Tony et Polly, répéta doucement Polly.

– On ne peut pas séparer deux noms pareils. C'est comme sel et poivre, ou Swan et Edgar…

– Ou Abercombie et Finch…

– Ou Fortnum et Mason… ou…

Il s'interrompit, les yeux fixes. La porte de la boutique venait de s'ouvrir pour laisser entrer la forme décomposée et titubante du dernier descendant d'une noble lignée. Le cinquième comte de Droitwich revenait comme un pigeon voyageur au nid qu'il aimait.

CHAPITRE DIX-HUIT

« Le grand desideratum, sur le dos d'un cheval, lit-on dans l'admirable article sur l'équitation de l'*Encyclopaedia Britannica*, est qu'il faut s'y tenir ferme. Un cavalier à l'assiette instable doit s'attendre à être jeté à bas par le moindre mouvement soudain de sa monture. » Syd n'avait pas écrit lui-même cet article mais, si vous l'aviez interrogé sur le sujet, voilà exactement les sentiments qu'il eût exprimés. Quand il entra, il n'était que trop évident que sa méfiance envers ce noble animal s'était révélée fondée. Son couvre-chef était bosselé, ses vêtements tachés de boue, et il se déplaçait avec peine, comme un homme que le mouvement fait souffrir. Il était évident que son peu d'enthousiasme à aller chevaucher dans le *Row* s'était avéré une prémonition bien fondée. Tony le considéra avec inquiétude.

– Hello, un accident ?

– Non, merci, répondit Syd. J'en ai déjà eu un.

Polly était toute sympathie féminine. Elle avait toujours beaucoup apprécié son ancien employeur, et son aspect actuel éveillait en elle un instinct d'ange de bonté.

– Oh, monsieur Price ! s'écria-t-elle. Je vais vous passer de l'arnica.

Syd apprécia le geste. Il était trop préoccupé pour remarquer qu'elle lui avait donné un nom qu'il avait définitivement abandonné.

– Non.

Il grimaça.

– J'peux pas permettre à un membre du beau sexe d'appliquer de l'arnica à l'endroit où ça m'fait mal.

Les manières de Tony n'exprimaient que de la compassion. Bien des années avaient passé depuis qu'il avait lui aussi dû passer par le genre d'expérience qui ramenait l'autre tout démantibulé, mais un homme n'oublie jamais totalement les émotions de ses leçons d'équitation.

– Pauvre vieux Syd, vous vous êtes encore ramassé ?

Une grimace pleine d'amertume tordit le visage de Syd.

– Oui. Encore, avoua-t-il. On doit finir par s'y faire. Mais, c'qui m'a achevé, c'est quand le cheval m'a donné des coups d'pied.

– Des coups de pied ? s'écria Polly.

– Trois fois au même endroit, confessa Syd mélancolique. L'animal avec le pied l'plus sûr qu'j'ai jamais vu. J'peux plus m'asseoir sans laisser une empreinte de sabot.

Polly, avec un autre petit cri de commisération féminine, dit qu'elle pensait que Syd ferait mieux d'abandonner l'équitation. Elle montrait là son bon sens habituel. Syd n'était pas du bois dont on fait les jockeys.

– J'ai abandonné. Vous en faites pas.

Un nouveau spasme de douleur passa sur ses traits torturés. Dans un moment d'étourderie, il s'était adossé au fauteuil et se retrouvait, à l'évidence, face à face avec son âme.

– Je veux plus jamais revoir un cheval, à part en petits morceaux enfilés sur une brochette.

Il y eut une pause. Syd lui-même ne semblait plus avoir rien d'autre à dire, et ses deux compagnons se refusaient avec délicatesse à s'immiscer dans son chagrin avec des paroles. Syd ôta sa bombe et se regarda un moment en silence dans un miroir. Il ramassa une brosse et rendit à sa chevelure son ordre habituel. Puis, avec accablement, il se tourna vers Tony.

– Écoutez, dit-il, faut que j'vous voie.

– Réjouissez vos yeux, répliqua Tony encourageant.

– Veux vous parler affaires.

– Allez-y.

Une fois de plus, Syd se contempla dans le miroir. Cette vue parut le fortifier dans la résolution qu'il avait prise, car il en vint au but sans autre préambule.

– C'était quoi, l'offre qu'vous m'aviez faite pour retirer mes prétentions ? demanda-t-il. L'aut'jour, à Langley End, quand tout a commencé. Mille billets par an, s'pas ?

– Je crois que c'était cela.

Syd réfléchit un moment.

– Bon. J'dis pas que j'les prends, reprit-il en retrouvant un peu de sa prudence naturelle.

– C'est ce que vous aviez expliqué à l'époque.

– Mais c'est un chiffre pour commencer.

Tony semblait un peu perplexe.

– Je ne comprends pas très bien. Que voulez-vous dire par un chiffre pour commencer ?

– Une base de négociations, voyez ?

Tony était maintenant désorienté. Les paroles qu'il entendait paraissaient n'avoir qu'une seule interprétation, cependant il hésitait à leur donner cette interprétation. En dépit de ce que Sir Herbert et les autres avaient prétendu, lors de leur récente conférence qui s'était terminée de façon si abrupte, il ne pouvait pas se persuader que quelques mésaventures dans le *Row* avaient été suffisantes pour amener l'autre à abandonner une lutte qu'il avait déjà gagnée.

– À quoi voulez-vous exactement en venir ? demanda-t-il.

Syd s'impatienta de sa lenteur à saisir.

– J'veux arrêter, dit-il brièvement.

– Abandonner vos prétentions ?

– C'est-à-dire… Si ça vaut l'coup.

Tony siffla doucement.

– C'est vraiment soudain, n'est-ce pas ?

– Ça vient depuis des semaines, expliqua Syd, avec l'air d'un invalide révélant ses symptômes. Leçons d'équitation… Concerts… Conférences…

Il réfléchit tristement et invoqua d'une voix douce le nom de l'être suprême.

– J'en ai marre de tout ça. Alors, si vous faites une bonne proposition et qu'on s'entend sur les chiffres, j'suis d'accord et vous pouvez avoir ce fichu titre et tout l'reste.

Il sembla à Polly qu'elle n'était pas à sa place dans des pourparlers aussi capitaux. On discutait de graves affaires d'État et elle sentait qu'elle n'avait pas le droit d'écouter.

– Dois-je m'en aller ? demanda-t-elle.

– Bien sûr que non, répondit Tony.

– Partez pas pour moi, insista Syd.

– Mais, vous voulez parler…

– Nous allons parler, fit Tony. En tout cas, moi je vais parler. Je vais parler à ce pauvre garçon épuisé comme un brave oncle. Syd, vieil idiot, poursuivit Tony avec force, écoutez. Avant que nous ne discutions la question que vous avez mise sur le tapis, j'aimerais que vous répondiez à la mienne.

– Allez-y, prononça Syd avec cette humeur sombre qui paraissait avoir pris définitivement possession de lui.

– Bon. Alors, dites-moi. Quelle image vous faites-vous exactement d'un comte ?

Ceci sembla nécessiter de Syd un instant de réflexion. Apparemment, il n'était pas bon au jeu des définitions. Il adressa un froncement de sourcils à la publicité pour la brillantine Wilbraham qui pendait au mur, comme pour lui demander de l'inspiration.

– Ben, j'sais pas, moi… Un type de la haute…

– Un garçon cultivé ?

– On pourrait dire ça.

– Qui aime les concerts et les conférences, et, en même temps, un fin tireur, un cavalier accompli, un bon danseur, un brillant causeur et un convive amusant et plein d'esprit ?

Une fois encore, Syd consulta la réclame de brillantine, comme pour lui demander son avis.

– Oui, admit-il. C'est ce qu'ils m'ont expliqué.

– Et vous les avez crus !

– Ben, qu'est-ce qu'y a d'mal ? demanda Syd.

Tony se mit à rire.

– Si vous trouvez un seul comte qui réponde à cette définition, je mange mon chapeau. C'est un grand feutre à ruban marron.

Syd resta interloqué. Les écailles n'étaient pas vraiment tombées de ses yeux, mais elles vacillaient.

– Qu'vous voulez dire ?

– Neuf comtes sur dix, développa Tony avec confiance – comme quelqu'un qui connaît cette race – ne discerneraient pas Brahms d'Irving Berlin, et n'en ont d'ailleurs aucune envie. Soixante-dix pour cent d'entre eux n'ont jamais écouté une conférence de leur vie. Quatre-vingt-cinq pour

179

cent ne pourraient pas faire un discours, même si vous les payiez pour ça. Et, qui plus est, il y en a au moins un sur deux qui ne sait pas monter à cheval.

Des sons étouffés, comme le murmure d'un poisson échoué qui entend d'étranges nouvelles, sortirent de Syd.

– Alors, demanda-t-il mettant immédiatement le doigt sur le nœud ahurissant du problème, pourquoi y m'ont dit que j'devais faire tout ça ?

– Pour que vous vous sentiez si mal à l'aise que vous en arriviez justement là où vous en êtes aujourd'hui. Pour que vous preniez le dédommagement et que vous abandonniez.

Il y eut un silence lourd, tandis que cette vérité révoltante pénétrait graduellement la conscience du prétendant. Quand il parla, ce fut de la voix d'un homme dont l'esprit recule devant les profondeurs auxquelles peut s'abaisser la nature humaine.

– Ouaouh ! dit-il.

Tony pressa son avantage.

– Je suis surpris que vous les ayez laissés se moquer de vous comme cela, remarqua-t-il. Je pensais que vous vous seriez douté de leur jeu depuis le début. Regardez, moi. Pensez-vous que j'aille jamais aux conférences ou aux concerts ? Je monte à cheval, oui. Mais, c'est parce que j'aime ça. Vous êtes vraiment idiot, vous savez, Syd.

Le prétendant lui jeta un rapide regard soupçonneux. Il avait le même air que lorsque Tony avait essayé de le convaincre lors de leur précédente rencontre. Cette fois-là, il avait pensé qu'il y avait quelque chose de louche là-dessous, et il avait encore la même idée. La vie n'avait pas appris à Syd Price à apprécier facilement l'altruisme de ceux qui lui voulaient du bien. Il suspectait toujours un piège et le cherchait tout d'abord.

– Et pourquoi vous me dites ça ? demanda-t-il.

– La devise des Price est « Sois beau joueur ».

Syd frémit d'une vertueuse indignation.

– Vraiment ? s'écria-t-il. Eh ben, ça semble pas être la devise des Bassinger. Se fiche de moi comme ça !... Dire qu'y voulaient m'aider...

Les mots lui manquèrent et il les remplaça par quelques onomatopées bien senties. Il était convaincu maintenant. Il y avait en Tony une sincérité évidente et il ne suspectait plus sa bonne foi. Si les comtes étaient réellement ce qu'avait dit Tony (et il devait bien le savoir), alors l'infâme traîtrise de Sir Herbert et de Lady Lydia était avérée.

Tony tenta d'excuser les absents.

– Il ne faut pas leur en vouloir, plaida-t-il.

– Hein ?

– Ils m'aiment beaucoup, vous savez.

Syd n'avait que faire de ces raisonnements spécieux.

– Me propre famille qui m'joue ce tour-là ! murmura-t-il abattu.

Il avait toujours su que les gens de la haute société étaient assez durs, mais il n'avait jamais imaginé jusqu'où leur dureté pouvait aller.

– Mais, ils ne vous considèrent pas comme leur parent. Sir Herbert et Lady Lydia et Freddie pensent que je suis le vrai Lord Droitwich.

Syd grogna audiblement et amèrement.

– Ah ! Y pensent ça, hein ?

– Vous ne pouvez pas les blâmer, vraiment.

Un second grognement de Syd parut indiquer qu'il trouvait parfaitement possible de les blâmer. Il arpenta la pièce avec résolution. Ses yeux brillaient et ses oreilles avaient pris une teinte rouge vif.

– P't'ête qu'y pensent que j'ferais pas un bon comte ?

– J'ai bien peur qu'ils n'aient cette idée.

Syd grogna pour la troisième fois, et ce grognement éclipsa les précédents en volume et en violence, établissant un nouveau record à battre pour les grogneurs. Il fut même assez peu judicieux pour lever la main et l'abattre sur sa cuisse avec une force impressionnante (une gaffe qu'il fut le premier à reconnaître). Un hurlement aigu lui échappa et, pendant un moment, il resta là à frotter l'endroit lésé avec une douleur manifeste.

Puis il se redressa, le regard agressif.

– Oh ? dit-il. Eh ben, je vais leur faire voir. J'vais leur faire voir à tous !

– Je suppose donc, conclut Tony, que l'offre que vous aviez commencé à me faire ne tient plus ?

– Pas plus d'offre que de beurre en broche, répliqua Syd avec véhémence – élevant, pour l'occasion, son langage imagé à des hauteurs inhabituelles. Vous croyez que j'vais m'laisser tourner en bourrique comme ça ? Moi qu'avais toujours cru qu'j'avais une cervelle !

Il renifla d'un air vengeur et, pendant un instant, ce fut comme si la boutique avait produit un écho. Puis il devint apparent qu'il n'y avait pas un reniflement, mais deux.

Le second émanait de Ma Price qui venait juste d'entrer dans la pièce.

CHAPITRE DIX-NEUF

Sa visite à la chapelle n'avait visiblement pas fait grand-chose pour restaurer la tranquillité d'esprit de Ma Price. Son attitude, quand elle entra dans la boutique, était encore celle d'une femme qui en a gros sur le cœur. Gros et lourd, en fait. Son reniflement avait été un signe de désespoir. Elle se mouvait comme quelqu'un qui porte un fardeau.

Syd la regarda d'un air absent. Maintes fois, durant ces deux dernières semaines, il avait eu une envie nostalgique de revoir cette femme mais, maintenant qu'ils étaient réunis, il se sentait incapable de lui donner plus qu'une attention sommaire. La pensée des torts qu'on avait envers lui l'occupait à l'exclusion de tout le reste.

– Salut, Ma, fit-il distraitement.

Madame Price, elle aussi, paraissait empêchée par la pression d'autres émotions d'apprécier cette rencontre. Tout comme Syd, elle l'avait attendue avec nostalgie, mais elle ne montrait pas l'animation qu'on eût été en droit d'imaginer. Si Syd avait eu l'esprit assez libre pour l'examiner soigneusement, il eût remarqué chez elle un curieux embarras. Elle s'était effondrée dans un fauteuil et évitait son regard.

– Bonjour, Syd, dit-elle.

– Tu vas bien, Ma ?

– J'ai mal à ma tête.

– J'ai mal aussi, avoua Syd. Mais c'est d'l'autre côté.

– Sir Herbert et Lady Lydia vous cherchaient, madame Price, intervint Polly.

Ma Price hocha la tête.

– J'les ai vus. J'viens d'leur parler.

Syd explosa avec virulence.

– Ah, tu leur as parlé, hein ? Eh ben, j'ai bien envie d'leur parler, moi aussi.

Sa voix monta et Ma Price, en frémissant, porta une main à son front dans un geste de protestation.

– J'ai quek'chose à leur dire, à ces deux-là. Quek'chose qui va les défriser. J'vais leur vider mon sac. J'vais montrer à Sir Rerbert Sale Type Bassinger de quel bois j'me chauffe.

– Ne crie pas, chéri, gémit Ma Price. J'ai tellement mal à ma tête. Polly, ma chère, j'meurs d'envie d'une tasse de thé.

– Je vais monter vous en faire.

– Oui, dit Tony. Polly va brancher la bouilloire.

Il la suivit dans le salon pour dames.

– Je viens vous aider. Nous ferons griller les muffins ensemble… Tony et Polly !

Elle glissa sa main dans la sienne et ils sortirent. Syd put les entendre se mettre à chanter alors qu'ils traversaient le salon pour dames et grimpaient, au-delà, l'escalier menant aux quartiers d'habitation de la famille Price. Cela ne lui plut pas. En un tel moment, tout ce qui ressemblait à une chanson ou à une quelconque joie lui paraissait un manque de tact hors de propos.

Puis son esprit revint à des choses plus urgentes. Il se sentait outragé.

– Pourquoi, demanda-t-il, ce salopard d'Herbert et cette fichue Lydia voulaient t'voir ?

Voilà l'allusion choquante qu'il fit à un baronnet honoré et à la descendante d'une centaine de comtes. Mais il était profondément ému. Si ce sinistre couple avait voulu rencontrer Ma Price, il ne pouvait y avoir qu'une seule raison.

Ma Price confirma ses soupçons.

– Ils voulaient discuter avec moi, chéri. Me convainc' de pas témoigner.

– C'était ça, hein !

La voix de Syd tremblait.

– Simplement suborner l'principal témoin d'l'affaire à la veille du procès ? Ouaouh ! En v'là deux braves gens ! V'là deux serpents sans principes comme tu pourrais pas en trouver en cherchant dix ans ! J'me d'mande si j'pourrais pas les faire envoyer au trou, pour ça.

– Sir Rerbert a l'air d'prendre la chose bien à cœur, chéri.

– Il l'prendra encore plus à cœur quand j'en aurai fini avec lui !

– Y semble pas penser qu'tu es c'qu'y faut pour cette position élevée.

– Hein ? Et pourquoi pas ?

Syd la transperça du regard aigu de l'avocat en plein contre-interrogatoire.

– Écoute, demanda-t-il. Quelle image tu te fais d'un comte ?

Ma Price était perplexe.

– J'sais pas trop, répondit-elle désemparée.

– T'imagines que c'est une espèce d'intello, hein, qui va aux concerts d'une main et qui dompte des mustangs de l'autre ? Eh ben, t'as tout faux, tu vois. Soixante-dix pour cent d'entre eux vont jamais au concert d'leur vie. Et quatre-vingt-cinq… J'veux dire un ou deux… savent pas aller à cheval.

– Oui, tu l'sais, j'pense, objecta Ma Price sans conviction.

– Certainement que je l'sais. J'ai étudié la question. Et tout c'qu'y m'ont raconté, c'était qu'du bluff. V'là la vérité. Et j'la tiens d'un expert.

Ma Price fouillait l'étagère sous le miroir.

– Mon Dieu ! marmonna-t-elle. Ma tête me tourne. Où est l'eau de Cologne qu'tu gardais ici ?

– J'te l'dis. J'ferais un aussi bon comte que n'import'qui.

Ma Price suspendit ses recherches pour le regarder d'un air chagrin.

– Mais, est-ce que tu s'rais heureux, mon chéri ?

– Bien sûr que je s'rais heureux.

Ma Price soupira.

– T'étais heureux, avant. Dans cette boutique. Comme ça a l'air loin, maintenant. Et c'était y a que deux semaines ! Je trouve pas cette eau de Cologne…

– Regarde sur l'étagère du haut.

– Tu te rappelles, quand on prenait le thé ? C'que t'aimais mes saucisses à la purée !

Elle soupira encore.

– Si tu dois être comte, je pourrai plus te faire des saucisses à la purée.

Syd fut manifestement bouleversé à cette idée. Pendant un instant, il faiblit réellement. Puis il retrouva sa fermeté.

– La vie, déclara-t-il napoléonien, c'est pas que des saucisses à la purée. Faut considérer ma Destinée.

– Mon Dieu, mon Dieu, mon Dieu !

– Inutile de pleurer sur le lait renversé. Ce qui doit être sera.

– T'étais si heureux, dans l'temps, à travailler ici.

Elle pleurnichait pitoyablement et Syd, qui avait vu s'ouvrir la porte de la rue, lui lança un « Oh ! » d'avertissement.

Violet Waddington, ayant fini ses emplettes, revenait, froide et hautaine, pour demander à Tony des comptes sur sa récente décision. Extérieurement tranquille et calme, elle bouillait intérieurement d'une indignation presque aussi vertueuse que celle de Syd.

– Ah ! dit-elle en les regardant l'un après l'autre. Je venais voir… Eh bien, je dois dire monsieur Price, je suppose.

Syd trouva qu'elle choisissait parfaitement ses mots. Tony était monsieur Price et il allait fichtrement le rester à jamais. Il indiqua la direction d'un signe du pouce par-dessus son épaule.

– Price est là-haut, annonça-t-il sèchement. Fait du thé avec Polly Brown.

Les lèvres de Violet se serrèrent.

– Quelle scène domestique !

Elle émit un son qui était moitié exclamation et moitié rire étouffé.

– Alors, il serait cruel de les interrompre en un tel moment, n'est-ce pas ? Peut-être pourriez-vous lui dire que je suis passée et lui suggérer de m'écrire. Il comprendra.

– Ah ! Le voilà enfin ! s'écria soudain Ma Price qui venait de trouver son vaporisateur d'eau de Cologne.

– C'est à propos d'une petite affaire dont nous étions en train de parler quand je suis partie, expliqua Violet. J'aimerais savoir ce qu'il a décidé.

– J'vais aller lui dire que vous êtes là.

– Oh, ne prenez pas cette peine.

– Pas de peine. J'en profiterai pour prendre une tasse de thé.

– Merci infiniment.

– Tout l'plaisir est pour moi, ajouta courtoisement Syd. À la revoyure… Je veux dire, au revoir.

Il se retira. Et Ma Price, qui s'aspergeait d'eau de Cologne, songea qu'il était nécessaire de s'expliquer.

– S'cusez-moi de faire ça devant vous, s'il vous plaît, miss, dit-elle en cessant pendant un moment de vaporiser à tout va. J'ai mal à ma tête.

– Je suppose que c'est le cas de bien des gens, cet après-midi, remarqua Violet. J'espère que je n'ai pas interrompu une conversation privée ?

– Oh non, miss. On parlait juste. Syd s'est mis dans la tête d'être comte, alors j'essayais de lui faire comprendre que c'était pas raisonnable.

Violet se figea. On abordait le sujet délicat.

– C'est bizarre, n'est-ce pas ?

– Bizarre, miss ?

– Eh bien, puisque c'est vous qui êtes le principal témoin pour prouver qu'il est comte…

Un air persécuté avait envahi le visage de Ma Price. Elle tremblait misérablement.

– Oh miss ! marmonna-t-elle. J'me demande si j'ai bien fait.

– Si vous voulez mon avis, non, assura Violet. Il sera malheureux.

– C'est exactement c'que j'ai pensé, miss. Alors, quand Sir Rerbert est venu m'voir devant la chapelle, j'ai fait c'que j'ai fait.

Violet ne saisissait pas.

– Je crois que je ne comprends pas bien ce que vous me dites. Qu'avez-vous fait ?

Ma Price jeta, vers la porte, un coup d'œil plein d'appréhension. Sa voix n'était plus qu'un murmure.

– Oh, miss, chevrota-t-elle, j'ai pas encore eu le cœur de le dire à Syd, mais j'ai signé un papier que Sir Rerbert a écrit pour moi, pour dire qu'y avait rien d'vrai dans mon histoire !

CHAPITRE VINGT

Le soulagement soudain frappe autant qu'un soudain désastre. Pendant un nombre appréciable de secondes après avoir entendu ces mots, Violet Waddington resta silencieuse, incapable de parler. Puis elle déglutit et trouva ses mots.

– Quoi !

– Oui, miss.

Ma Price la regardait avec espoir. Tout ce dont elle avait besoin, pour l'instant, c'était de support moral.

– J'espère que j'ai bien fait ?

Violet parut encore lutter contre une soudaine obstruction de sa gorge.

– Je pense que vous avez très bien fait, affirma-t-elle lentement.

Elle ravala les paroles qu'elle avait eu l'intention d'ajouter. Tony venait d'entrer.

– Votre thé est prêt, Nannie.

Il vit Violet et la salua civilement.

– Hello, Vi.

– Allez prendre votre thé, madame Price, conseilla Violet. Je suis sûre que vous en avez besoin.

Ma Price était bien de cet avis.

– Vous avez jamais rien dit d'aussi vrai, ma chérie, dit-elle. J'pourrais en boire des litres.

Tony la suivit jusqu'à la porte qu'il ferma derrière elle. Il revint à Violet, l'esprit un peu perplexe. Le regard qu'il avait vu dans les yeux de Violet en entrant l'avait surpris. Ce n'était pas le regard de la femme furieuse qu'il s'attendait à retrouver. Il contenait une lumière, une chaleur.

Une explication de ce phénomène s'imposa à son esprit. Il présuma qu'elle était revenue dans l'intention de discuter avec lui, de tâcher de le faire changer d'avis en le cajolant avec des mots doux. Il ne croyait pas que son tempérament la rendait très bonne à cela, mais il se mit immédiatement en défense. Il ne perdit pas de temps. Il en vint droit au but.

– Eh bien, Vi… Je le lui ai expliqué, commença-t-il.

Et il se prépara à ce qui allait suivre.

– Toute la vérité ?

Elle le regardait avec un sourire étrange.

– Toute la vérité, répondit Tony.

– Comme c'est bien de votre part !

Son sourire était devenu une tendre bénédiction. Une dame de l'ancien temps souriait ainsi à son chevalier quand il s'était montré parfait et gentil. Elle s'approcha de lui et posa ses deux mains sur ses bras.

– Vous croyiez vraiment que je pensais ce que je disais quand j'ai affirmé que je vous rejetterais si vous le lui disiez ? Je voulais seulement vous éprouver, mon chéri. Je voulais voir si vous étiez capable de faire ce qui est bien sans vous soucier des conséquences.

Il la regarda d'un air idiot. Il avait cette sensation qu'on a quelquefois en rêve. L'impression de jouer une scène tout en sachant que cela n'arrive pas vraiment. C'était incroyable d'entendre Violet parler ainsi…

« Je voulais seulement vous éprouver, mon chéri… » Ce n'était pas le genre de phrase qu'elle utilisait. Ce n'était pas le genre de phrase que n'importe qui utiliserait. On aurait dit le sous-titre d'un vieux film muet.

De plus, si Violet pouvait parler ainsi, où avait-elle caché, jusqu'à présent, tant de noblesse et de grandeur d'âme ?

Elle l'embrassa légèrement.

– Je dois m'en aller, ajouta-t-elle. J'ai un million de choses à faire. Venez me voir ce soir, quand vous aurez fermé la boutique.

Elle se détourna et sortit rapidement, laissant Tony tout éberlué. Il avait à peine remarqué le baiser. Son esprit avait été trop occupé à se débattre avec le mystère de sa conduite.

Alors, soudain, sa mâchoire s'affaissa. Il venait de réaliser la signification de ses paroles.

Derrière lui, une voix se fit entendre.

– Tony.

Il se retourna brusquement. Polly se tenait sur le seuil. Elle avait une tasse à la main.

– Je vous ai apporté du thé, Tony, annonça-t-elle d'une petite voix. Il va être froid.

Tony resta silencieux. Une teinte grise s'étendait sur son visage. Puis il tendit automatiquement la main.

– Merci.

Il continuait à la regarder. Le silence s'étirait interminablement. Dans la rue, devant l'estaminet, un orgue de Barbarie asthmatique s'était mis à jouer. Des omnibus grondaient dans Brompton Road. Londres allait toujours à ses affaires.

Tony posa la tasse.

– Je ne suis pas un mufle, Polly, dit-il lentement.

– Je le sais bien, Tony.

Il se laissa tomber dans un fauteuil.

– Vous avez vu ça ?

– Oui.

– Vous avez entendu ce qu'elle a dit ?

– Oui.

L'immobilité de Tony fit soudain place à une frénésie débridée. Il tapa du poing sur l'accoudoir de son fauteuil.

– Qu'est-ce que je vais bien pouvoir faire ?

Polly ne répondit pas. Son visage était pâle. Une petite dent mordait sa lèvre.

– Elle avait affirmé qu'elle romprait si je disais tout à Syd… Si je lui expliquais ce que faisait la famille… Qu'on se moquait de lui… Je croyais que ça suffisait. Et maintenant, elle prétend que non. Que ce n'était qu'une fichue épreuve… Je ne peux pas m'en sortir, maintenant.

– Non.

– Comment puis-je m'en sortir ?

– Vous ne pouvez pas.

– Mais Polly !

– Ce n'est pas de chance.

– Pas de chance !

Il éclata d'un rire hystérique, puis s'arrêta soudain.

– Je suis désolé. Je me conduis comme un enfant. Mais vous ne pouvez pas dire des choses pareilles. C'est trop drôle. Je ne peux pas m'empêcher de rire. Vous perdre ! Pas de chance !

Ses traits se tordirent. Ils prirent un air résolu.

– Je ne laisserai pas faire ça ! cria-t-il. Que je sois damné si je laisse faire ça. Tant pis si je me conduis comme un porc. Je me fiche que tout le monde pense que je suis un porc ! Je vais aller la voir pour lui expliquer. Je lui dirai ce que vous représentez pour moi. Je lui dirai qu'elle doit me laisser partir. Je…

Polly secoua la tête.

– Vous ne pouvez pas.

– Mais, Polly…

– Non. Ce ne serait pas vous.

Il retomba dans son fauteuil. L'orgue de Barbarie jouait une marche enlevée et son pied tapait inconsciemment en mesure.

– Vous ne pourriez jamais être heureux, ajouta Polly, si vous faisiez quelque chose de mal. Et je ne serais pas heureuse non plus. Je n'aurais jamais cru qu'elle était du genre à vous épouser si vous n'aviez plus rien. Je croyais que sa devise était donnant-donnant. Mais j'avais tort. Elle est bien. Vous ne pouvez pas la laisser tomber, Tony.

– Mais, mon Dieu ! Comment allons-nous passer le reste de notre vie ? Vous me voulez. Je vous veux. Des années et des années…

– Vous ne pouvez pas la laisser tomber. Voilà ce que je sais.

– Mais, Polly…

– J'ai oublié mon vaporisateur, dit Ma Price derrière eux.

Ma Price entra d'un pas mal assuré et se dirigea vers l'étagère. Comme Polly, quelques minutes auparavant, elle portait une tasse de thé. Ce qui amena un Syd furieux à se précipiter sur ses traces.

– Eh ! qu'ek tu fais ? demanda Syd.

– J'veux mon eau de Cologne, chéri.

– Vieille folle, t'as emporté ma tasse de thé.

C'était une nouvelle pour Ma Price qui contempla la tasse, ahurie.

– Vraiment ?

Syd était agité.

– J'espère bien, dit-il avec sentiment, que tu vas pas perdre les pédales et nous faire de l'amnésie, avec mon procès qu'arrive dans un mois ! V'là qui ficherait tout par terre.

Il sembla à Ma Price que le moment de la révélation était venu. Elle aurait préféré la remettre à plus tard, mais elle souffrait de voir ce garçon se bercer, pourrait-on dire, de douces illusions. Elle émit un curieux bêlement.

– Syd... Faut que j'te dise quelque chose.

– Et faut que tu dises quek'chose au Comité d'la Chambre des lords, oublie pas.

Brisant l'intensité du moment, un groupe de trois personnes arriva de la rue. Lady Lydia, suivie de Sir Herbert et de Violet.

Syd prit un air formidable.

– Oh ! s'écria-t-il. Le duo des traîtres ! Mâle et femelle ! De gauche à droite, Sir Rerbert et Lady Serpent Bassinger !

Les baronnets ont toujours du mal à répondre à ce genre de choses. Si Sir Herbert avait été de l'autre sexe, nous pourrions dire qu'il s'offusqua. Il sortit la poitrine et prit une teinte pourpre.

– Ça alors ! fit-il. Ça alors !

– Vous de même, comme vous dites, répondit cordialement Syd.

– Cela suffit !

Syd éclata d'un rire terrible.

– Ça suffit, hein ? Alors que j'sais tout sur vot'complot ! Me faites pas rire, j'ai les lèvres gercées. Croyez qu'vous allez me frustrer de mon légitime héritage, s'pas ? Pas de risque ! J'l'aurai malgré vous !

– Vous ne l'aurez pas, déclara Lady Lydia.

Syd se tourna pour contrer cette nouvelle attaque.

– Ah ! Et pourquoi ça ?

– Parce que, proclama Sir Herbert, j'ai un papier, signé par madame Price et contresigné par des témoins, dans lequel elle nie absolument qu'il y ait la moindre vérité dans toute son histoire.

Une puissante bombe explosant dans la boutique eût peut-être déconcerté Syd davantage, mais pas beaucoup. Sa mâchoire s'affaissa lentement. Il fixa Sir Herbert. Il fixa Lady Lydia. Puis, se retournant, il fixa Ma Price et ses yeux étaient ceux de César contemplant Brutus.

– Quoi !

Ma Price renifla, mal à l'aise.

– C'est ce que j'voulais te dire, chéri.

Tony s'était avancé. Il avait été spectateur impatient de la bataille qui venait de terminer la signalée carrière du prétendant Droitwich. L'issue ne lui en importait plus maintenant. Sans la moindre curiosité, il tendit la main et Sir Herbert y déposa le papier comme s'il mettait des valeurs considérables dans une chambre forte.

– Oui, continua Sir Herbert. Prends-le, Tony. Et, pour l'amour du ciel, garde-le bien.

Il fit un pas de côté, comme si, craignant une charge désespérée, il était déterminé à s'interposer entre Syd Price et son neveu.

Tony alla jusqu'au fauteuil et, assis sur l'accoudoir, lut en fronçant les sourcils.

Ma Price reprit la parole.

– Sûr que j'espère que j'ai bien fait.

– Très bien, affirma cordialement Sir Herbert. Parfaitement bien. Excellemment bien.

– Merci Sir Rerbert. C'est c'qu'avait dit la dame.

Tony sursauta et leva les yeux.

– Quelle dame ?

– Cette dame-là, chéri, fit Ma Price en montrant Violet dans les yeux de laquelle un soudain embarras se faisait jour. J'lui ai dit juste avant que vous arriviez et elle semblait vraiment contente de c'que j'avais fait.

– Bien entendu, approuva Sir Herbert.

– Naturellement, renchérit Lady Lydia.

Tony serra les poings. Le papier se froissa dans sa paume.

– Vous le lui avez dit juste avant que je n'entre ? demanda-t-il. Je vois.

Pendant un long moment il fixa Violet, puis il se détourna. Il comprenait maintenant. La noblesse et la grandeur d'âme qui l'avaient étonné s'expliquaient parfaitement.

Sir Herbert rayonnait.

– Peut-être que même vous, reprit-il en s'adressant à l'homme brisé qui lui faisait face, êtes capable de comprendre que votre affaire tombe automatiquement à l'eau ?

Un profond soupir échappa à Syd. Il regarda Ma Price d'un air menaçant.

– J'aurais dû savoir c'qui arriverait si t'allais à la chapelle, grogna-t-il.

Sir Herbert décida d'alléger l'atmosphère. Il voulut montrer le bon côté des choses.

– Bien que vous reconnaissiez maintenant que vous n'avez absolument plus aucun droit à revendiquer, je suis sûr que Lord Droitwich saura se montrer généreux. Si, par exemple, vous voulez vous installer à Bond Street, je n'ai aucun doute que…

Il s'interrompit brusquement. Le hurlement perçant qui venait d'échapper à son épouse eût réduit au silence un orateur bien plus disert.

Puis, lui aussi poussa un cri désespéré.

– Tony !

Tony était assis au bord du lavabo. Dans sa main gauche, il tenait ce document de la plus haute importance, et dans sa main droite, il avait un briquet allumé. Et, alors que tous le regardaient fixement, le papier craqua et se consuma dans la flamme.

– Tony !

C'était Violet qui parlait, cette fois, et il la considéra calmement, un demi-sourire sur les lèvres. Le papier tomba en cendres sur le sol. Tony se leva et se brossa les mains.

– Le brûlage requiert une main sûre, conclut-il.

CHAPITRE VINGT ET UN

Le soleil du matin, entrant par les portes-fenêtres, éclairait le salon de Langley End d'une joyeuse flamme. Il dansait sur l'argent et le cristal. Il étincelait sur les vieilles chaises. Il baignait d'un flot doré le portrait de Longue Épée. Cependant, ses rayons n'atteignaient pas le dernier descendant de Longue Épée ; car Syd, qui n'aimait pas tellement le soleil, s'était installé à l'ombre, de l'autre côté de la pièce, enseveli dans un fauteuil profond et lisait avec application le *Turfiste intelligent*, son quotidien favori.

Mais, s'il n'y avait pas de soleil sur l'extérieur de Syd, il y en avait plein son cœur. Quinze jours avaient passé depuis cette scène émouvante au Salon de coiffure hygiénique de Price, dans Mott Street, Knightsbridge, et durant ces deux semaines, pas un jour il n'avait omis de se féliciter du dénouement sensationnel de cette réunion de famille. Syd considérait que la suite ne serait qu'une promenade de santé et il fredonnait en lisant, perdu dans son bonheur tranquille.

Un bruit de pas à l'extérieur des fenêtres interrompit son agréable rêverie et, baissant son journal pour regarder par-dessus, il aperçut Tony. Il le regarda avec surprise car il le croyait à Londres, à cent kilomètres de là. Mais c'était une surprise indulgente. Il n'avait rien contre Tony. Il avait proprement tancé Sir Herbert et Lady Lydia, en leur disant tout ce qu'il pensait d'eux ; et il avait aussi, lors d'une scène éprouvante, dit son fait à l'Honorable Freddie Chalk-Marshall ; mais il ne nourrissait nulle hostilité envers Tony. Il l'aimait. Il considérait qu'il s'était bien conduit. Aussi, quand il parla, ce ne fut pas avec la sécheresse d'un maître de maison qui voit un intrus s'introduire par la porte-fenêtre.

– Tiens, c'est vous, jeune Price ? dit-il.

Tony se toucha respectueusement le front.

– Bonjour, Milord.

– Et qu'est-ce qui vous amène ?

– Sir Herbert m'a convoqué pour une conférence, expliqua Tony. Je suis venu avec Polly dans le cabriolet.

– Polly va bien ?

– Aussi bien qu'une jeune fille qui va se marier dans une semaine.

Syd ouvrit les yeux.

– Vous allez vous marier, tous les deux ?

– Exactement.

– Eh bien, vous pourriez faire pire.

– Mais pas mieux.

– Polly est une brave fille, poursuivit Syd, songeur. Et bonne manucure aussi. Elle vous aidera bien dans vot'commerce.

– Vous vous faites une belle image de la vie conjugale du barbier, dit Tony. L'aide dévouée travaillant à une extrémité du client tandis qu'il s'affaire à l'autre. J'aime ça. C'est romantique. Malheureusement, ce ne sera pas le cas. Immédiatement après la cérémonie, nous partirons ailleurs pour faire fortune. Nous pensons aller au Kenya. Pour planter du café, vous voyez.

Syd ouvrit de grands yeux.

– Hein ? Et l'commerce ?

– Je vends la boutique.

– Quoi !

La voix de Syd exprimait une horreur incrédule. Il était manifestement choqué jusqu'à la moelle.

– Vous ne pouvez pas faire ça !

– Si. J'ai une offre d'un nommé Pupin.

– Mon Dieu !

La consternation de Syd s'accrut.

– Vous allez pas vendre Price à un barbier métèque ?

– Pupin est Suisse.

Le teint jaunâtre de Syd avait tourné au pourpre. Ses yeux brillaient de colère.

– J'me fiche qu'ce soit un Islandais des Iles Fidji, s'écriat-il d'une voix tremblante. L'idée de vendre Price à un étranger, ou à n'importe qui d'ailleurs. Et la fierté de la famille ? Price est Price depuis six générations !

Il fixa Tony comme il eût fixé un grand prêtre coupable de sacrilège. Sa voix se fit perçante.

– Vous savez donc pas que Rowland Hill, celui qui a inventé le timbre-poste, allait chez Price ? Thackeray nous doit encore deux pence pour une coupe de moustaches. Enfin, on a même rasé le docteur Crippen[1] !

Tony haussa les épaules.

– Mais, remarqua-t-il, nous sommes à une époque mercenaire et j'ai besoin d'argent.

Syd, qui s'était levé, retomba dans son fauteuil.

– Oh, d'accord, dit-il. C'est votre affaire, après tout. Pas la mienne.

---

1. Célèbre assassin (ndt).

– Exactement. Bon, vous m'excusez, n'est-ce pas ? Je dois aller chercher Polly. Elle va probablement se faire mordre par un écureuil. Pouvez-vous leur dire que je suis arrivé et que je suis dans le jardin, s'ils ont besoin de moi ?

– Qui, ils ?

– Sir Herbert et la bande.

– Oh, la conférence ?

Un petit rire échappa à Syd.

– Quel bien peut faire cette conférence ?

– Aucun, j'imagine.

– Et vous avez raison.

– Mais vous ne pouvez pas en vouloir à Sir Herbert d'avoir du mal à se résigner, n'est-ce pas ?

– Me parlez pas de ce reptile, dit Syd avec sentiment. Il voulait que je me brise les os à cheval.

– C'est juste sa façon de s'amuser, fit Tony. Eh bien, à bientôt, sans doute.

Il disparut dans le jardin ensoleillé et Syd revint à son journal.

Mais le *Turfiste intelligent* avait perdu sa magie et son puissant intérêt. Syd se renversa contre son dossier et ferma les yeux. Au-dessus des yeux, les sourcils étaient froncés. Bien qu'il essayât de se raisonner, bien qu'il essayât de se dire que la vente de Price n'avait rien pour déranger le comte de Droitwich, il ne pouvait se débarrasser d'un sentiment profond de dépression à la pensée que la vieille boutique allait tomber en des mains étrangères. L'endroit était sacré pour lui. Il se souvenait d'y avoir joué sur le sol, il ne devait pas avoir plus de trois ans… Et ce tumulte quand, à l'âge de six ans, il avait cassé un flacon de Derma Vitalis…

Son premier rasage ! Voilà un jour marqué d'une pierre blanche…

Et maintenant, un imbécile de Suisse allait régner là
où une dynastie de Price avait eu droit de haute, moyenne
et basse justice. Syd, bien que lecteur assidu de certains
magazines et d'un certain genre de romans, n'avait jamais
entendu parler d'Omar Khayyam, de Fitzgerald ; s'il l'avait
connu, il eût été frappé de façon poignante par le passage
où le Perse songe à la tragédie du lion et du lézard seuls
maître désormais des cours où Jamshyd avait brillé de toute
sa gloire. Le parallèle était aisé, en fait.

Price ! Bien sûr, Price n'était plus rien pour lui maintenant.
Mais, tout de même…

Un soupir lui échappa et il ouvrit les yeux… Pour
apercevoir la forme massive de Slingsby devant lui. Il se
redressa, ennuyé. Il n'avait pas entendu le majordome entrer
dans la pièce, et il détestait, comme tout homme normal,
être épié sans le savoir.

– Alors, demanda-t-il aigrement, que voulez-vous,
Patte-de-Chat ?

Les manières du majordome étaient distantes et glaciales.

– Je suis venu voir si cette pièce était libre.

– Oh ?

Syd reprit son journal. Il sentait que ce n'était pas la
bonne façon de traiter cet homme. Nonchalance. Dédain
aristocratique. Il lut un moment ou deux avant de parler.
Alors, il songea à une question qui l'avait intrigué.

– Qui, demanda-t-il, est ce vieux type à la tête de morue
qu'est arrivé tout à l'heure ?

L'œil de Slingsby devint, si possible, plus froid et plus
semblable à celui d'une grenouille justement furieuse.

– Je ne reconnais pas la description, dit-il avec raideur,
mais monsieur Wetherby, l'avoué de la famille, est arrivé
il y a peu de temps.

– Pour la conférence, hein ? Je suppose qu'il est dans la bibliothèque, en train de dire bonjour à mon xérès.

Syd éclata d'un rire désagréable puis changea de sujet avec le calme d'un gentleman de bonne naissance.

– Voyez quelque chose à Ally Pally, cet après-midi ? demanda-t-il.

Slingsby avait, en fait, passé plus d'une heure à méditer sur les chances respectives des différents chevaux qui couraient ce jour à Alexandra Palace et, avec tout autre interlocuteur, il eût été ravi d'avoir l'occasion d'en discuter. Mais il refusa de s'abaisser à parler turf avec Syd. Il garda un silence de glace.

Syd étudiait son journal.

– D'vriez jouer Gruyère dans la cinquième. J'ai un tuyau.

Le majordome enfla de dédain.

– Je n'ai que faire de vos tuyaux.

– Z'avez arrêté de parier, alors ? interrogea Syd. J'aime mieux ça. Un homme dans ma position n'a rien à faire d'un majordome qui flambe. Ça lui donne des inquiétudes pour ses petites cuillers.

Slingsby s'étouffa. Juste comme un homme qui se noie voit repasser toute sa vie devant ses yeux, à ce moment, dans l'esprit du majordome, passa en un éclair le souvenir de toutes les occasions de jadis où il aurait pu souffleter le jeune homme sur le coin de l'oreille et où il s'était retenu. Et maintenant il était trop tard. Il frémit sous l'amertume de ce qui aurait pu être.

– Ne dites pas de sottise, fut tout ce qu'il trouva à répliquer.

– Me répondez pas ! Et appelez-moi Milord. J'vous l'ai déjà dit.

– Je vous appellerai Milord quand la Cour l'ordonnera, et pas avant.

Syd ricana.

– Z'aurez pas à attendre longtemps, avec le témoignage de Ma et ce portrait, là. Et quand la Cour aura déclaré que j'suis bien Lord Droitwich, savez la première chose que je ferai ?

– Oui ! explosa le majordome, hors de lui. Vous m'entendrez vous donner ma démission, jeune Syd !

– Ouais, fut la réponse de Syd.

Et, oubliant totalement sa noble naissance, il tira la langue. Slingsby, son égal en courage, tira la langue aussi.

Et ce fut dans cette révoltante attitude que Sir Herbert, faisant irruption dans la pièce, les trouva.

– Mon Dieu ! s'écria-t-il horrifié par le spectacle.

Les deux langues disparurent illico. Slingsby, dans un effort visible, recouvra sa dignité officielle.

– Je vous demande pardon, Sir Herbert, dit-il.

Sir Herbert repoussa ses excuses d'un geste de la main.

– N'en parlons plus. Je ne doute pas que la provocation n'ait été extrême. J'ai moi-même eu envie de faire de même… Bien des fois.

Il se tourna vers Syd et parla sur un ton de commandement.

– Maintenant, jeune homme…

Syd le regarda avec haine. De toute la maisonnée de Langley End, sans même en exclure Slingsby, c'était Sir Herbert Bassinger qu'il détestait le plus.

– Alors, fit-il, qu'est-ce que vous voulez, serpent ?

Prudemment, peut-être, Sir Herbert décida de ne pas entendre le dernier mot.

– Je veux cette pièce. Monsieur Wetherby, mon avoué, est ici.

– La bonne vieille conférence, hein ? Et alors ?

– Bien entendu, si vous insistez pour rester ici, nous irons dans la bibliothèque.

Syd se leva.

– Oh ! Vous en faites pas. Nous autres, Droitwich, nous savons être polis. Je file. Mais vous perdez votre temps et votre argent, vous savez. Qu'est-ce qu'un avoué pourra faire quand la Cour nous aura vus ensemble, lui et moi ?

Il tendit le pouce vers le portrait de Longue Épée.

– R'gardez, ajouta-t-il en prenant la pose, ce tableau et ça.

Il se frappa la poitrine.

– Maintenant que j'y pense, je f'rais mieux de faire mettre l'portrait sous scellés. Pour être sûr qu'y s'ra toujours là quand le procès arrivera. Bon. À la revoyure !

Il sortit par la porte-fenêtre. Slingsby le suivit d'un œil mauvais.

– Vraiment, Sir Herbert, dit-il d'une voix entrecoupée, je souhaite presque qu'il gagne son procès, pour ne plus devoir penser que c'est mon neveu.

Sir Herbert ne tapota pas vraiment l'épaule de son fidèle serviteur, parce que ce genre de chose ne se fait pas, mais il posa sur lui un regard compréhensif et encourageant.

– Tout ira bien Slingsby. Il ne gagnera pas si nous jouons convenablement nos cartes. Madame Price est-elle arrivée ?

– Oui, Sir Herbert. Roberts l'a amenée dans la Rolls-Royce il y a une demi-heure. Elle est à l'office.

– Et ce jeune homme ne sait pas qu'elle est ici ?

– Non, Sir Herbert.

– Il ne doit pas, reprit le baronnet avec emphase. Il ne doit même pas imaginer qu'elle est dans les environs. Lord Droitwich est-il là ?

– Oui, Sir Herbert. J'ai vu Sa Seigneurie se promener dans le jardin avec miss Brown.

– Miss Brown ?

Les sourcils de Sir Herbert se levèrent.

– La manucure ?

– Oui, Sir Herbert.

– Pourquoi l'a-t-il amenée ?

– Je ne pourrais le dire, Sir Herbert.

Sir Herbert imagina une théorie possible.

– Elle a été la première à entendre l'histoire de cette vieille femme. Peut-être pense-t-il que son témoignage… Enfin, peu importe. Allez le chercher. Et, quand je sonnerai, amenez madame Price dans cette pièce.

– Très bien, Sir Herbert.

Le majordome se retira. Demeuré seul, Sir Herbert se dirigea lentement vers la cheminée et leva les yeux vers le portrait de Longue Épée. Il se frotta pensivement le menton et son animation le quitta un peu. Il y avait vraiment une ressemblance, mordieu !

Des voix, à l'extérieur, l'avertirent de l'approche de sa femme et de l'avoué de la famille.

CHAPITRE VINGT-DEUX

La description qu'avait faite Syd de monsieur J. G. Wetherby, du cabinet Polk, Wetherby, Polk et Polk, celle d'un vieux type avec une tête de morue, si elle n'était pas entièrement justifiée, n'était pas loin de la cible. L'avoué était bien pourvu en années et ses grands yeux vitreux protégés par ses lunettes suggéraient ceux d'une quelconque race de poisson. Il entra de la démarche circonspecte si courante chez les avoués, en regardant à droite et à gauche, comme s'il s'attendait à voir des préjudices cachés derrière les rideaux et des délits tapis sous le piano.

– Ah, entrez, Wetherby, invita Sir Herbert suspendant son étude de Longue Épée. J'ai pensé que vous seriez mieux ici que dans la bibliothèque. Davantage de soleil.

Monsieur Wetherby inspecta le soleil d'une manière plutôt soupçonneuse, comme pour l'avertir de ne pas essayer de lui jouer des tours.

– Une pièce des plus agréables, admit-il.

Lady Lydia frémit.

– Pas pour moi. C'est ici que tout a commencé.

– Vraiment ?

– Eh bien, asseyez-vous, Wetherby, fit Sir Herbert. J'ai envoyé chercher Lord Droitwich.

– Oui, appelons-le ainsi pendant que nous le pouvons encore, dit Lady Lydia.

– Ah, le voici. Mon cher ami, s'écria Sir Herbert avec affection en se hâtant vers la porte-fenêtre pour accueillir Tony. Splendide que tu aies pu venir.

– Bonjour, Tante Lydia... Si je peux encore t'appeler comme ça.

– Tu peux, déclara Lady Lydia avec emphase.

– Comment allez-vous, monsieur Wetherby ? J'espère que je ne suis pas en retard. Je montrais les jardins à Polly Brown.

Sir Herbert hocha la tête.

– Ah oui. C'est une bonne idée d'avoir amené miss Brown, Tony, mais je suis certain que Wetherby va nous dire que son témoignage n'a pas de réelle valeur... Alors, maintenant, Wetherby, nous pouvons commencer. Nous sommes tous présents.

– Où est Freddie ? demanda Tony.

– Encore à Londres. Il demeure chez son ami Tubby Bridgnorth. Je lui ai téléphoné de venir, mais il a bafouillé quelque chose à propos d'une affaire importante. Maintenant, Wetherby, inutile de faire un long préambule. Que diable allons-nous faire ?

Monsieur Wetherby joignit les bouts de ses doigts.

– Permettez-moi de résumer les faits. Cette vieille femme a signé un papier niant spécifiquement qu'il y ait aucune vérité dans son histoire, c'est bien cela ?

– Oui.

– Des témoins l'avaient dûment contresigné ?

– Oui.

– Et Lord Droitwich l'a brûlé ?

– Oui.

– Et si, intervint Lady Lydia avec un regard dur envers Tony, il y avait une justice dans ce monde, cela devrait être accepté comme preuve légale qu'il est bien Lord Droitwich. Son père était juste aussi fou que lui.

Tony sourit aimablement.

Monsieur Wetherby tourna vers lui la tête chercheuse de ses lunettes.

– Puis-je m'enquérir, Lord Droitwich, de la raison pour laquelle vous avez brûlé ce papier ?

– Monsieur Wetherby, répliqua Tony, vous le pouvez. Et je vais vous répondre comme un brave petit homme. Si je ne l'avais pas brûlé, j'aurais dû épouser Violet Waddington. Alors que, maintenant, je vais épouser Polly Brown.

Si le fait de brûler ce document avait ressemblé, pour Sir Herbert et Lady Lydia, à l'explosion d'une bombe, cette explication franche des motifs qui avaient amené cette déflagration fut à peine moins destructrice.

– Tony !

– Tu es cinglé !

Tony ne s'était pas attendu, en donnant son explication, à la voir bien reçue. Il avait prévu cette attitude. Bonne renommée peut bien valoir mieux que ceinture dorée, et la simple honnêteté mieux que du sang normand, mais certainement pas, il en était conscient, aux yeux de Sir Herbert et de Lady Lydia Bassinger. Bien qu'il les aimât tendrement, il n'était pas aveugle au fait que leur façon de penser souffrait d'un certain manque d'élasticité. Ils appartenaient au type d'aristocrates à l'ancienne mode et n'avaient pas acquis notre désinvolture moderne en ce qui concernait la naissance. Il se prépara à être ferme.

– C'est idiot, dit-il gentiment. Vous l'aimez bien. Je le sais.

Lady Lydia n'acceptait pas ce raisonnement. Il était vrai, elle ne pouvait le nier, qu'elle aimait beaucoup Polly. Mais il est parfaitement possible d'estimer chaleureusement une petite ouvrière sans être prête à l'accepter comme l'épouse du chef de la famille.

– Il ne s'agit pas d'aimer ou de ne pas aimer, dit-elle. La chose est impossible.

– Tout à fait, approuva Sir Herbert.

Monsieur Wetherby ne parla pas. Il se contenta de se polir un ongle avec un coin de son mouchoir.

– Pourquoi ? demanda Tony.

– Une manucure !

– L'épouse idéale pour un barbier. Syd me le faisait justement remarquer à l'instant.

– Il est hors de question… commença Sir Herbert.

Tony l'interrompit.

– Écoutez, chères vieilles choses, déclara-t-il, j'attendais bien une certaine consternation, mais vous exagérez. Ce mariage se fera. Puisque j'ai eu la chance de gagner l'amour d'une fille comme Polly, vous pouvez parier votre chemise que je ne vais pas être assez idiot pour la laisser passer.

– Mais, suppose que la Cour décide que tu es Lord Droitwich ?

– Dans ce cas, la famille aura une Lady Droitwich en prime.

Sir Herbert regarda Lady Lydia. Lady Lydia regarda Sir Herbert. Ils regardèrent tous deux monsieur Wetherby, mais n'obtinrent aucune satisfaction de lui car il avait commencé à se polir un autre ongle. Les avoués de famille observent toujours un détachement admirable en ce genre d'occasion. Physiquement, monsieur Wetherby était toujours présent.

Spirituellement, laissaient entendre ses manières, il était à cent kilomètres de là.

— N'avais-je pas dit qu'il était fou ? s'écria Lady Lydia.

Tony demeura impassible. Il était désolé pour ces deux malheureux, mais il n'avait pas l'intention de céder d'un pouce.

— Voyons, ma Tante, insista-t-il, tu sais très bien que tu n'es pas aussi fâchée que ça. Tu fais semblant, voilà tout. Arrête de te conduire comme une tante, et montre-nous à nouveau ton gentil sourire. Tu sais que tu as aimé Polly dès que tu l'as vue, et tu sais que, quand tu la connaîtras mieux, tu l'aimeras autant que moi.

— Je ne sais rien de tel.

— Alors, tu devras apprendre, conclut Tony.

Il se prépara à abattre son atout maître.

— Je suis désolé de devoir vous menacer, poursuivit-il, mais, si vous voulez jouer les aristocrates sévères, tout est fini. Si la famille n'est pas prête à accepter Polly, je m'en vais et je laisse le champ libre à Syd. Préférez-vous avoir Polly comme comtesse, ou Syd comme comte ?

Il fit une pause pour leur permettre de digérer cette remarque effrayante.

— Je vous laisse le temps d'y penser, annonça-t-il en se dirigeant vers la fenêtre. Comme l'a dit Syd en une occasion mémorable, je vous donne dix minutes à ma montre.

Un silence accablé suivit son départ. Une fois de plus, Sir Herbert et son épouse échangèrent un coup d'œil. Chacun trouva, chez l'autre, une totale absence d'optimisme.

— Il est sérieux, dit Sir Herbert.

— Oui, admit Lady Lydia.

— Et il est têtu comme une bourrique.

— Oui, répéta Lady Lydia. Son père était comme lui.

– Le vieux Price ? s'écria monsieur Wetherby surpris.

Il n'avait pas eu l'intention d'entrer de son propre chef dans la conversation, mais cette déclaration l'avait fait sortir de sa réserve.

– Non, expliqua Lady Lydia. Mon frère John.

Elle soupira.

– Tout cela me rappelle la fois où il voulait épouser cette barmaid.

Sir Herbert commençait à se remettre.

– Je crois que nous avons assez de sujets d'inquiétude, déclara-t-il, sans nous en faire pour savoir avec qui ou quand Tony va se marier. Le problème immédiat est : comment allons-nous aborder madame Price ?

Monsieur Wetherby était à nouveau lui-même. C'était un sujet qui le concernait absolument et il s'y attaqua avec cette vigueur sénile que montrent toujours les avoués quand vous les ranimez.

– Pour moi, dit-il d'une voix brève, il est évident que nous devons l'amener à signer un autre document.

– Exactement, approuva Sir Herbert. Et vous êtes l'homme qu'il faut pour cette tâche, Wetherby. Vos arguments auront plus de poids que les nôtres.

– Elle ne nous écouterait pas, ajouta Lady Lydia. Herbert en a appelé à ses meilleurs sentiments cinq fois avant que nous ne quittions Londres, mais elle n'en a pas.

– La difficulté, expliqua Sir Herbert, d'après ce que j'ai compris, est qu'elle est tellement superstitieuse qu'elle a vu dans la disparition de ce papier une sorte de présage. Un signe du ciel pour lui montrer la voie.

– Et maintenant, termina Lady Lydia, nous voulons que vous la convainquiez que le ciel lui a fait prendre le mauvais virage.

– Je suis certain que vous en viendrez à bout, Wetherby. C'est une vieille femme tout à fait ignorante. Si vous êtes brutal... plutôt sinistre... et, eh bien, vous savez... légal...

Monsieur Wetherby hocha une tête compréhensive. Il ne l'eût pas dit de cette façon bizarre, mais il sentait bien que c'était dans ses cordes.

– Absolument. Absolument. Je comprends parfaitement ce que vous voulez dire. Il serait aussi bien que je rédige immédiatement ce document, pour qu'il soit prêt en cas de besoin.

Il se leva et se dirigeait vers le bureau quand il s'aperçut que leur petite compagnie s'était augmentée d'une unité. Une silhouette immaculée venait d'entrer d'un pas tranquille et échangeait des saluts avec ses proches.

– Freddie ! s'écria Sir Herbert. Je croyais que tu avais annoncé que tu ne viendrais pas.

L'Honorable Freddie hocha la tête.

– Changé d'idée, expliqua-t-il brièvement. Bonjour, Tante Lydia.

– Bonjour Freddie. Tu connais monsieur Wetherby ?

– Plutôt ! Salut, monsieur Wetherby. Vous avez l'air en pleine forme. Comment vont, demanda Freddie, tous les petits délits et préjudices aujourd'hui ?

L'avoué eut un pâle sourire et s'assit au bureau. L'inspiration venait, à l'évidence, de le visiter, car sa plume se mit immédiatement en mouvement.

Lady Lydia reprit sa conversation avec son neveu.

– Qu'est-ce qui t'a décidé à venir, après tout ?

– L'événement le plus étonnant. Le plus formidable. Où est Tony ?

Lady Lydia indiqua le jardin.

– Dehors, quelque part. Avec, ajouta-t-elle d'une voix sans timbre, sa fiancée.

– Hein ? s'étonna Freddie. Je croyais que Violet lui avait rendu sa mise et l'avait renvoyé à son commerce.

– Oui. C'en est une nouvelle. Miss Polly Brown.

L'enthousiasme de Freddie n'eut pas de borne.

– Tu veux dire que Tony va s'associer avec cette formidable petite fille si délicieuse ? Excellent travail ! Oh, super excellent !

– Je suis heureuse que cela te fasse plaisir !

– Et je parie que ça lui plaît encore plus, à lui ! dit Freddie. Et j'ai quelques nouvelles qui vont le rendre encore plus heureux. Vous allez le voir chanter en dansant dans toute la maison.

Pendant cette conversation, Sir Herbert s'était mis à presser la sonnette. Il revint vers eux, intéressé.

– Quelles nouvelles ? demanda-t-il.

Son neveu lui lança un regard énigmatique.

– Peu importe, répliqua-t-il. C'est seulement pour les oreilles de Tony. Si tu veux bien me pardonner de te le dire, Oncle Herbert, tu es vraiment trop curieux.

Et, agitant un doigt réprobateur, l'Honorable Freddie se précipita vers la porte-fenêtre. Lady Lydia le regarda partir en haussant les épaules.

– Quelle famille excentrique ! murmura-t-elle.

La porte s'ouvrit et Slingsby apparut.

– Vous avez sonné, Sir Herbert ?

– Madame Price, réclama le baronnet.

– Je l'ai amenée en entendant la sonnette, Sir Herbert.

– Elle est dehors ?

– Sur le paillasson, Sir Herbert.

– Faites-la entrer. Et restez aussi. Nous aurons peut-être besoin d'un témoin.

Monsieur Wetherby s'était levé, un papier à la main.

– Fini ? demanda Sir Herbert.

L'homme de loi lui tendit le document.

– Bref, mais adéquat, je pense.

– Excellent, dit Sir Herbert en le lisant.

La porte se rouvrit. Slingsby, qui avait quitté la pièce un instant, revint en poussant devant lui la silhouette de satin noir de Ma Price.

CHAPITRE VINGT-TROIS

Ma Price était parfaitement sobre mais pleine d'appréhension. Elle n'aimait pas du tout la façon dont se passaient les choses. C'était une femme qui, comme les anciens Grecs et Romains, avait l'habitude de vivre selon les auspices et les augures et, quand Tony avait brûlé sa déclaration cet après-midi-là dans le salon de coiffure, elle avait regardé cette action, ainsi que l'avait expliqué Sir Herbert Bassinger à monsieur Wetherby, comme un signe venu d'en haut lui disant qu'elle avait eu tort de signer ce document et qu'elle ferait mieux d'être plus prudente à l'avenir.

Dans cette croyance, elle avait tenu bon contre les arguments et les prières pendant deux semaines entières ; et alors, juste quand elle était convaincue que tout allait pour le mieux, voilà qu'un signe contraire, en forme de chat noir, avait croisé son chemin au milieu de Mott Street, alors qu'elle était en route pour *La Chenille et le Pichet*. Et maintenant elle ne savait plus où elle en était.

En matière de chats noirs, l'opinion publique est largement divisée. Une école de pensée les regarde comme des signes de chance, une seconde comme les messagers de catastrophes imminentes. Et il y a un troisième groupe plus restreint qui les considère comme des avertissements.

C'était à cette secte qu'appartenait Ma Price. Elle ne savait pas encore contre quoi elle avait été avertie, mais elle était certaine d'avoir été prévenue.

Ses manières, donc, quand elle entra dans la pièce, étaient un mélange de tristesse et d'inquiétude. Elle avait l'air d'un Daniel femelle entrant sans enthousiasme dans la fosse aux lions.

– Ah, venez, madame Price, invita Sir Herbert.

– Oui, Sir Rerbert, répondit Daniel en considérant nerveusement le lion en chef.

– Prenez un siège, proposa Lady Lydia avec un regard haineux et une inflexion de voix qui suggérait qu'elle eût préféré offrir à sa visiteuse une coupe de ciguë.

– Merci, Lady Lidgier.

– Voici, reprit Sir Herbert, monsieur Wetherby, l'avoué de la famille.

Ma Price, qui s'était assise avec d'infinies précautions à l'extrême bord de sa chaise, se leva à demi et plongea dans une révérence agitée. Son impression de malédiction imminente s'était considérablement accrue. Lectrice vorace du *Family Herald* et autres publications similaires, elle savait tout sur les avoués de famille. Ils n'amenaient jamais rien de bon. Ils détruisaient les testaments, kidnappaient les héritiers et on en avait même vu assassiner des baronnets. Elle nourrit immédiatement des noirs soupçons envers monsieur Wetherby et, s'agitant sur son siège, regarda son hôtesse d'un air malheureux.

– J'pourrais avoir un doigt de porto, Vot'Seigneurie ?

– Non !

– Oh, très bien, fit en reniflant Ma Price inconsolable.

– Vous voyez, déclara Sir Herbert d'une voix mielleuse, ce n'est pas à une fête que nous vous avons conviée, madame

Price. Plutôt à une conférence d'affaire. Vous aurez votre porto plus tard.

– Merci, Sir Rerbert.

– Avant cela, monsieur Wetherby voudrait vous poser quelques questions.

– Oui, Sir Rerbert, dit Ma Price, du fond de son trente-sixième dessous.

– Allez-y, Wetherby, ordonna Sir Herbert.

À ces mots, monsieur Wetherby, qui avait essuyé ses lunettes, les posa sur son nez et émit une toux unique, sèche, courte, brutale et sinistre. Ce son rauque fit trembloter le témoin vedette comme une gelée de la proue à la poupe. Elle n'avait pas besoin de voir les yeux de l'avoué la scruter derrière leurs lunettes pour comprendre que c'était la trompette sonnant l'attaque. Si monsieur Wetherby avait poussé un puissant cri de chasse, il n'eût pas indiqué plus clairement que l'on allait entrer dans le vif du sujet.

– Madame Price, commença l'avoué.

– Oui, monsieur ?

– Vous paraissez remplie d'appréhension.

– Remplie de quoi, monsieur ?

– Monsieur Wetherby, traduisit Sir Herbert, veut dire que vous semblez nerveuse.

– Pas vraiment nerveuse, Sir Rerbert. Mais d'avoir un chauffeur en uniforme qui vient me chercher, et la promenade en Rolls, et tout ça, ma tête me tourne.

– Je vois. Eh bien, calmez-vous, madame Price. Vous n'avez rien à craindre, à condition… hein, Wetherby ?

– Tout à fait, approuva l'avoué. À condition qu'elle dise la vérité.

– Toute la vérité, insista Lady Lydia.

– Et rien que la vérité.

– Ou qu'Dieu me punisse, murmura automatiquement Ma Price en levant une main tremblante.

Sir Herbert jeta un coup d'œil à l'avoué.

– Et, qu'elle signe un document à cet effet.

– Exactement, dit monsieur Wetherby.

– Exactement, renchérit Sir Herbert.

– Exactement, répéta monsieur Wetherby, pour bien enfoncer le clou.

Une pause suivit ce dialogue. Les deux hommes et Lady Lydia se regardèrent d'un air significatif. Quant à Ma Price, elle s'était recroquevillée sur sa chaise comme une tortue dans sa coquille. Tous ces « Exactement » bourdonnant dans sa tête l'avaient réduite à un état protoplasmique.

Son sang-froid ne fut pas rétabli par une autre toux rauque de monsieur Wetherby.

– Alors, madame Price ?

– Oui, monsieur ?

L'avoué la regarda par-dessus ses lunettes.

– Il a été porté à ma connaissance, dit-il d'une voix froide et menaçante, que vous êtes responsable d'une histoire étonnante, tendant à jeter des doutes sur les droits qu'aurait l'actuel Lord Droitwich sur son titre et ses états.

Des trente-trois mots de ce discours, Ma Price en avait peut-être compris sept. Cependant, « Oui, monsieur » lui parut être la bonne réponse, et elle la donna.

– Vous prétendez que, alors que vous aviez la charge de Lord Droitwich dans son enfance, vous lui avez substitué votre propre bébé et que le vrai Lord Droitwich est le jeune homme qui s'est, jusqu'à présent, appelé Syd Price ?

– Oui, monsieur.

– Dites-moi, madame Price, êtes-vous sujette à des hallucinations ?

Ma Price fut loin de saisir la question.

– Monsieur ? demanda-t-elle perplexe.

– Pourrait-on dire que vous avez une imagination vivace ?

– Je sais pas, monsieur.

– Je crois que c'est le cas, madame Price, soutint l'avoué qui ressemblait de plus en plus à un boa constrictor hypnotisant sa proie. Et je vous affirme… Je vous affirme, madame Price… que cette histoire n'est, purement et simplement, que le fruit de votre imagination.

– Quel fruit ? demanda Ma Price sur ses gardes.

Cette fois, monsieur Wetherby renforça sa toux intimidante en tapant de sinistre façon le coin de son étui à lunettes sur le bureau.

– Je voudrais vous poser quelques questions, reprit-il. Lisez-vous beaucoup, madame Price ?

– Oui monsieur.

– Lisiez-vous beaucoup, disons, il y a seize ans ?

– Oui monsieur.

– Quel genre de littérature ?

– J'aime bien mon *Family Herald*.

– Ah ! Et alliez-vous souvent au théâtre, en ce temps-là ?

– Si j'trouvais un bon mélo, sûrement.

– Exactement ! Maintenant, écoutez-moi bien, madame Price. Puis-je vous rappeler que ces histoires de changement d'enfants en nourrice sont à la base d'une centaine de récits du *Family Herald*, et que c'est également la situation habituelle des mélodrames que feu W. S. Gilbert stigmatisait dans son poème « La Vengeance du Bébé »?

– Et alors ? Où ça nous mène ?

– Je vais vous dire où ça nous mène. Je vous suggère que votre histoire n'est rien d'autre qu'un conte de fée, dû à trop de *Family Herald*, à trop de mélodrames et, puis-je le dire ?... À trop de gin sec ?

– Précisément ! s'écria Sir Herbert.

– Tout à fait ! renchérit Lady Lydia.

Ils donnaient l'impression d'avoir du mal à se retenir d'applaudir.

Il avait fallu un moment à Ma Price pour comprendre toute l'étendue de l'insulte, mais maintenant elle avait saisi, et elle se leva, prête à combattre, les poings sur les hanches.

– Eh ben ! commença-t-elle.

– Asseyez-vous ! intima monsieur Wetherby.

– Oui, monsieur, fit madame Price docile.

– Venons-en maintenant, poursuivit monsieur Wetherby, à un autre point. Il y a deux semaines, vous avez signé un document niant qu'il y ait la moindre vérité dans votre histoire.

– Oui monsieur. Il a été brûlé.

– Je suis conscient de cela. C'est pourquoi j'ai préparé un autre document similaire. Voulez-vous venir de ce côté, madame Price ?

Il indiqua le bureau.

– Voici une plume, madame Price. Signez ici, je vous prie.

– Slingsby, appela Sir Herbert.

Le majordome s'avança.

– Soyez témoin de la signature de madame Price.

– Très bien, Sir Herbert.

– Vous voyez, madame Price, proclama monsieur Wetherby, il est essentiel, pour votre propre bien, que vous signiez le document que j'ai préparé. Si vous ne le faisiez pas, vous seriez placée dans une position bien inconfortable quand vous serez dans le box des témoins. L'avocat vous demandera immanquablement pourquoi, si vous étiez prête à jurer précédemment une certaine vérité, vous refusez de recommencer quand on vous le demande. Le parjure est un crime très grave, madame Price.

– Parjure !

– J'ai bien dit parjure.

Ma Price était convaincue. Elle comprenait maintenant la signification du chat noir. Il avait été envoyé pour la prévenir du danger qu'elle courait. Car, sans lui, elle aurait continué son chemin sans tenir compte d'aucun conseil et aurait couru droit au désastre. Elle saisit la plume avec l'émotion de quelqu'un qui entrevoit sa planche de salut, et monsieur Wetherby, se détendant en cet instant de triomphe, retira ses lunettes et se mit à les polir.

Ma Price se leva et s'approcha du bureau. Il se trouvait près de la fenêtre, et par cette fenêtre alors qu'elle s'avançait ses yeux tombèrent sur les superbes pelouses et les buissons au-dehors. Mais soudain, comme paralysée par une vision sinistre, elle resta immobile. Elle jeta la plume loin d'elle avec un cri.

– Oh ! hurla-t-elle.

Sir Herbert sauta en l'air.

– Que diable y a-t-il encore ? demanda-t-il, irrité.

Ma Price se retourna et lui fit résolument face. Sa vision venait de lui révéler qu'elle avait eu complètement tort dans son interprétation du message du chat noir. Il lui avait été envoyé pour l'avertir, oui, mais pour l'avertir de ne pas signer ce papier. Autrement, pourquoi, alors que ses doigts se refermaient sur la plume, cet autre présage serait-il apparu ?

– Je signerai pas !

– Quoi !

– Sûrement pas !

– Pourquoi pas ? cria Lady Lydia.

Ma Price pointa vers la fenêtre un index dramatique.

– J'viens de voir une pie ! répondit-elle.

CHAPITRE VINGT-QUATRE

Quand, dans un salon aux proportions raisonnables, un avoué de famille s'exclame « Absurde ! », un baronnet « Au diable cette femme ! », son épouse « Idiote ! » et la veuve d'un barbier de Knightsbridge « J'ai vu une pie », et tous simultanément, il faut s'attendre à un tumulte digne de la tour de Babel, capable de blesser l'oreille de celui qui entre à cet instant.

Ce fut l'avis de Syd. Il était arrivé au moment où le brouhaha était à son comble, et il éprouva une impression qu'il avait souvent ressentie lors de meetings orageux à la Société de débats de barbiers, quand les passions étaient exacerbées et qu'une demi-douzaine d'honorables membres s'efforçaient de faire entendre leurs doléances en même temps. Il regarda autour de lui d'un air maussade. Il considérait que, puisqu'il avait été assez aimable pour permettre à ces conjurés de venir tramer leurs noirs complots dans sa propre maison, la moindre des choses était qu'ils les tramassent dans le calme.

– Oh ! beugla-t-il d'une voix de corne de brume.

Le tumulte cessa. Il contempla froidement l'assemblée.

– Bon Dieu ! dit-il avec amertume. Z'appelez ça une conférence ? On dirait plutôt la volière des perroquets au zoo.

L'intrusion de cette influence étrangère et subversive en un tel moment affecta profondément Sir Herbert Bassinger.

— Sortez d'ici ! tonna Sir Herbert.

Syd le mata d'un regard.

— Suffit, Vipère ! fit-il brièvement.

Et alors, pour la première fois, son œil tomba sur Ma Price et il la fixa, ahuri.

— Ma ! T'es là ?

Ma Price était tout émue.

— Oh, Syd ! s'écria-t-elle. J'l'ai vue juste à temps !

— Vu quoi ?

— La pie. Elle m'a été envoyée. Encore une seconde et j'avais signé l'papier.

— Papier ?

La lumière, soudain, aveugla Syd.

— Que l'diable m'emporte ! cria-t-il, sidéré. Encore de la subornation !

Il se tourna vers Sir Herbert, bouillant d'une légitime indignation.

— De toutes les bêtes visqueuses, reprit-il avec véhémence, c'est vous qu'avez le pompon ! J'ai qu'à vous quitter une seconde des yeux, et hop ! vous r'commencez vos sales tours. Y a d'quoi vous rendre cinglé.

Il fit demi-tour et pointa un doigt accusateur sur monsieur Wetherby.

— Et vous, avec vot'sale tête. Vous vous dites homme de loi ? Et vous vous prêtez à ces filouteries ? J'ai bien envie d'vous dénoncer à vot'bâtonnier ou je n'sais qui pour vous faire radier !

Lady Lydia battit le rappel de ses alliés masculins. La situation lui semblait au-dessus des possibilités d'une faible femme.

– N'y a-t-il aucun moyen de faire sortir cet effroyable jeune homme ? gémit-elle.

– Non, y en a pas, rétorqua Syd. Pas avant qu'j'aie fait ce que j'suis venu faire.

Il se tourna vers la porte, comme dut se tourner Wellington à Waterloo afin d'ordonner à ses troupes d'avancer.

– Amenez l'échelle ! ordonna-t-il.

Et Charles, le valet de pied, entra transportant avec quelque difficulté une courte échelle.

À sa vue, Sir Herbert sembla complètement ahuri.

– Mais, que diable allez-vous faire ? demanda-t-il.

Syd montra le portrait de Longue Épée, au-dessus de la cheminée.

– Met'Sa Seigneurie sous scellés, annonça-t-il. Ce portrait est pas en sécurité ici. J'suis sûr que si je l'emmène pas d'ici, vous êtes capable d'lui peindre une nouvelle tête.

Il prit l'autre bout de l'échelle et se dirigea résolument vers la cheminée. Le valet de pied, qui eût été le premier à avouer qu'il ne savait pas de quoi il était question mais qu'il ne s'était jamais autant amusé de sa vie, marcha avec lui, en allié docile. Charles était à un âge où on raffole des querelles de famille. Celle-ci paraissait vouloir culminer dans le chaos et, si elle culminait dans le chaos, c'était parfait pour Charles.

D'un autre côté, du point de vue de Slingsby, ce majordome accompli, l'aventure était monstrueuse et attristante. En onze ans de majordomage, il n'avait encore jamais vu personne apporter d'échelles dans le salon. Son sang s'enflamma et seul son respect inné pour la famille l'empêcha de plonger activement dans la scène. Habituellement, il ne parlait que si on l'en priait, mais cette occasion n'était pas prévue dans son manuel.

– Est-ce votre désir, Sir Herbert, demanda-t-il un peu haletant d'émotion, que ce portrait soit enlevé ?

– Certainement pas ! s'écria Lady Lydia.

– Bien sûr que non, tonna Sir Herbert. Sortez d'ici cette fichue échelle !

Monsieur Wetherby ne parla pas. Mais il regarda Syd d'une manière sinistre et légale, comme pour l'informer que la jurisprudence de l'affaire de Rex contre Winterbotham, Gooch, Simms et Merryweather s'appliquait exactement à son cas et qu'il ferait bien de se méfier.

Syd n'allait se laisser intimider ni par des mots ni par des regards. Il connaissait ses droits et avait bien l'intention de les faire valoir.

– J'veux montrer ce tableau à la Cour. L'est capital pour ma cause et j'dois l'avoir.

Ma Price, comme Charles, n'avait qu'une idée bien vague de ce qui se passait, mais elle sentit qu'un mot bien placé ne pourrait pas faire de mal.

– Oh Syd, pria-t-elle. Fais pas l'méchant.

Syd la repoussa d'un geste impérieux.

– La ferme, Ma. Laisse-moi faire, s'exclama-t-il avec une brusquerie furieuse.

Car Slingsby, agissant enfin, l'avait repoussé sur le côté et lui avait fait perdre sa prise sur l'échelle. Il plongea pour la rattraper ; mais Slingsby et Charles – ce dernier littéralement béat – la soulevèrent au-dessus de sa tête. Il poussa un cri horrifié.

– Maintenant, vous m'avez fait passer sous une échelle ! Juste quand mon procès va êt'jugé, encore !

Le désastre sembla lui enlever ses derniers vestiges de self-control. Personne ne peut passer sa vie en compagnie de Ma Price sans développer une tendance à la superstition, et ce malheureux incident l'avait profondément ému. Il lui donna l'impression que non seulement le monde visible, mais également l'univers invisible étaient contre lui. Fou de rage, il saisit les basques de l'habit du majordome et c'est avec ce geste qu'on peut dire que commença la Bataille de l'Échelle.

Ce fut essentiellement une scène d'action, dans laquelle il eût été déraisonnable de s'attendre à quelque dialogue étincelant. Monsieur Wetherby fit claquer sa langue et remarqua que tout cela était des plus irréguliers. Ma Price s'exclama « Syd, chéri ! » et Slingsby hurla « Lâche-moi, jeune vaurien ! » Mais, à part ça, un silence sinistre prévalut, seulement rompu par la respiration haletante des combattants et le cri occasionnel des blessés.

Longue Épée contemplait de haut la mêlée, et il paraissait approuver. Longue Épée s'était souvent trouvé impliqué dans de telles bagarres. S'il avait eu une critique à faire, c'eût été probablement le regret de ne pas voir brandir de hache d'arme. À part cela, il n'avait rien à suggérer. L'affaire se développait de la manière la plus satisfaisante, car Sir Herbert Bassinger avait maintenant été pris dans le tourbillon.

Au commencement de la lutte, Sir Herbert était resté à part, se contentant d'encourager les combattants de la voix et du geste. Mais soudain un tournoiement de Slingsby ayant amené l'échelle à pointer dans sa direction, Syd lâcha les basques du majordome pour s'assurer une prise sur la chose elle-même. Il la brandit, plein de menace, vers le gilet du baronnet et avança résolument. D'un même mouvement, Slingsby et Charles tirèrent vers l'arrière. Cela mit Sir Herbert encore plus en danger. Pour éviter d'être heurté par les montants, il bondit comme un jeune agneau au printemps et, en atterrissant, se retrouva avec une jambe entre les échelons. Dans cette position, il se mit à sautiller comme un fou.

– Arrêtez ça ! hurla-t-il. Vous ne voyez pas que vous m'écartelez ? Arrêtez ça ! Je suis coincé !

Le majordome entendit la voix de l'autorité et ne resta pas sourd à ses supplications. D'un puissant effort, il abaissa l'échelle. Elle tournoya brutalement et Syd, qui était sur son chemin, fut fauché comme un épi moissonné.

– Laissez-moi sortir !

L'échelle tomba. Sir Herbert tomba… dans un fauteuil en se tenant le pied.

– Enfer et damnation ! cria Sir Herbert dans sa souffrance. Mon orteil goutteux aussi !

Il fixa Syd.

– C'est de votre faute, espèce de hooligan !

Les injures ne pouvaient plus atteindre Syd maintenant. Il avait dépassé cette phase. Il se tenait l'estomac et oscillait, agité.

– Si jamais mes intérieurs sont plus à leur place, annonça-t-il, j'ferai appel à la loi contre toute vot'bande d'idiots !

Sir Herbert se tourna vers Slingsby. Son air était funeste.

– Slingsby, veillez à ce que ce jeune homme quitte les lieux aussi vite que possible.

Un sourire béat éclaira le visage affligé du majordome.

– Vous demande pardon, pourriez-vous répéter ça, Sir Herbert ?

– Vérifiez, précisa Lady Lydia, qu'il fasse ses paquets et reconduisez-le à la porte.

– Oui, Milady. Merci, Milady.

En se léchant les lèvres, le majordome passa un moment à contempler le bout de son soulier droit, puis, fermant et ouvrant les poings, il marcha sur Syd.

Syd s'adossa à la fenêtre.

– Non, alors ! supplia-t-il. Pas de violence !

Ma Price se jeta sur le chemin du Vengeur.

– Théodore ! T'oseras pas le toucher !

– Hors de ma route, Bella !

– J'vous aurai prévenus, fit Syd en continuant sa retraite.

Puis, comme le majordome devenait par trop menaçant, il bondit par la porte-fenêtre et, ce faisant, se cogna dans Tony qui, suivi par Freddie et Polly, rentrait à ce moment.

Tony se saisit fermement de Syd et le ramena dans la pièce.

– La saison de rugby commence tôt, cette année, n'est-ce pas ? remarqua-t-il perplexe.

Son regard passa de Slingsby – qui respirait lourdement et paraissait prêt d'un instant à l'autre à exhaler du feu par les narines – à Syd, qui s'était réfugié derrière le canapé et restait là, brandissant un gros vase bien lourd avec une allure à la fois de défense et de défi.

– Mais, que se passe-t-il ?

Sir Herbert répondit à sa question.

– C'est simplement Lord Droitwich qui prouve sa bonne naissance en se colletant avec le majordome.

Syd grogna une excuse.

– J'ai p't'êt' eu tort de me monter le bourrichon, mais j'ai vu rouge.

– Vous êtes rouge, assura Freddie.

– Je pense pas que je suis le premier Droitwich à faire une erreur.

– Non, admit Sir Herbert. Si vous êtes un Droitwich, votre père en a fait une grosse.

Syd, blessé, s'adressa à Ma Price.

– T'entends ça ?

Il se tourna vers Sir Herbert.

– En face d'extrêmes provocations, dit-il avec dignité, j'ai fait d'mon mieux pour rester en bons termes avec vous et Tante Lydia, mais ça sert à rien.

– Mais, où est le problème ? demanda Tony.

Sir Herbert renifla. Sa récente expérience l'avait irrité. La douleur dans son orteil commençait à se calmer, mais ses sentiments étaient toujours outragés.

– Il essayait d'enlever le Pourbous.

– Pas du tout ! s'écria Syd avec chaleur. Tout c'que j'voulais, c'était cette peinture, là.

– Le nom de l'artiste qui a peint le portrait de Longue Épée, expliqua Lady Lydia, glaciale, était Pourbous.

– Oh ?

Syd sembla digérer la nouvelle.

– Bon, appelez-le comme vous voudrez.

Tony paraissait perplexe.

– Pourquoi vouliez-vous le vieux Longue Épée ? questionna-t-il.

– Pour qu'y puissent pas le truquer. J'veux pas qu'on lui change sa tête avant que j'l'amène au tribunal. Ma, ajouta Syd en agitant la main, jette un œil à ce vieux mec, et dis-moi qui il te rappelle.

– Eh bien…

– Est-ce qu'y m'ressemble ou pas ? demanda impatiemment Syd.

Ma Price scruta le portrait.

– Il te ressemble beaucoup, chéri.

– Il a pas vraiment mon expression, ma détermination, je veux dire. P't'êt' qu'il l'avait, mais que le vieux Porposs, le peintre, l'a pas bien rendue. Mais mes avocats pensent que ce vieux type va bien m'aider et j'ai pas l'intention de laisser ces serpents l'truquer.

Tony éclata de rire.

– C'est ce qui vous inquiète ? Ne vous en faites pas. Je ferai porter Longue Épée au tribunal pour qu'il apporte son témoignage, en bon état, avec sa vraie tête.

– Bon ! acquiesça Syd impressionné. Vous êtes pt'êt' qu'un fils de barbier, mais, j'vous jure, vous êtes un vrai gentleman. Je suppose qu'vous savez que ce portrait va vous balayer proprement ? Enfin, si Ma témoigne bien dans l'bon sens.

– C'est très probable.

Syd sembla un peu surpris.

– Vous voulez pas gagner ? demanda-t-il.

– Eh bien, honnêtement, répliqua Tony, après avoir entendu les nouvelles de Freddie, j'admets que j'hésite. Vous voyez, si je gagne, je serai Lord Droitwich…

– Vous gagnerez pas.

– Et sinon… Je me présente, Price, futur millionnaire.

– Mais, de quoi diable, parles-tu ? s'étonna Sir Herbert.

– Dis-le-leur, Freddie.

L'Honorable Freddie fit un pas en avant avec sa grâce coutumière.

CHAPITRE VINGT-CINQ

Il y avait toujours, dans la façon dont l'Honorable Freddie Chalk-Marshall traitait ses frères humains, la suggestion qu'il se considérait comme le seul adulte responsable dans une réunion d'enfants peu doués. Cette attitude semblait encore s'être intensifiée. Il contempla d'un œil paternel le petit groupe assemblé devant lui. Il paraissait sous-entendre que, si les gens s'en remettaient entièrement à lui, il n'y aurait plus jamais de problème.

Il s'éclaircit la gorge, tira ses manchettes, et se mit à parler.

– Je ne sais pas, dit-il en regardant autour de lui comme pour s'assurer qu'il jugeait correctement leur intelligence, si vous lisez parfois de la poésie ?

Sir Herbert, qui n'était pas dans son humeur la plus calme, fit un bruit ressemblant à celui de l'aiguille d'un gramophone dérapant sur un disque, et suggéra, avec une aigreur qu'il n'essayait pas de cacher, que le discoureur en vînt directement au fait. C'était une interruption maladroite et qui eût fait perdre contenance à un orateur moins sûr de lui, mais Freddie se contenta de jeter un regard glacial dans la direction de son oncle.

– Je vais droit au but. Ma remarque sur la poésie, vous le comprendrez avant de vieillir beaucoup, ne nous éloigne pas de mon propos. J'allais dire que, si vous en avez lu, vous avez probablement posé les yeux sur une petite chose de je ne sais plus qui, qui dit, à peu près : « Bien des pierres précieuses à l'éclat le plus pur, sont cachées dans les cavernes sombres de l'océan. Bien des fleurs naissent et s'épanouissent pour perdre leur parfum... »

– Oh, bon Dieu !

– « ...dans les sables du désert », ajouta sévèrement Freddie.

C'était Sir Herbert, toujours pas calmé, qui venait d'interrompre cette sublime citation. Lady Lydia, en loyale épouse, lui apporta son soutien.

– Tu as entièrement raison, Herbert. Freddie, mon cher, demanda Lady Lydia d'une voix plaintive, tout ceci est-il vraiment nécessaire ? Enfin, tu pourras nous réciter tes poèmes plus tard.

– Tante Lydia, rétorqua Freddie – plus doucement que lorsqu'il s'adressait à son oncle, car il ne souhaitait pas se montrer dur avec une femme – serait-ce trop te demander que de bien vouloir la fermer une demi-minute ? Je ne peux pas continuer si ma propre famille m'interrompt toutes les deux secondes. Garde le silence, veux-tu ?

– Oh, d'accord.

Freddie poursuivit.

– Maintenant pourquoi, me demanderez-vous, ces pierres et ces fleurs sont-elles dans la situation décrite ? Pourquoi ne réussissent-elles pas dans la vie ? Qu'est ce qui les empêche de montrer leurs dons et de se faire un nom ? Ce sont de bonnes pierres, d'excellentes fleurs. Et pourtant, elles sont perdues. Pourquoi ? Je vais vous le dire. C'est parce qu'elles n'ont pas rencontré un gars valable, avec le génie du commerce, pour les pousser un peu. Le simple mérite n'est rien sans la publicité. Inutile d'être une pierre de classe A si vous ne savez pas exploiter vos dons. Il en va de même pour les fleurs. Et, également, pour les lotions capillaires.

Sir Herbert sembla, à nouveau, sur le point de parler, mais il rencontra l'œil de son neveu et sut se réfréner.

– Il y a bien des années, poursuivit Freddie, un type inventa une sacrément bonne lotion capillaire. Ce qu'elle contenait, je ne saurais vous le dire. Un peu de ceci, sûrement, et aussi, probablement, un peu de cela. Il l'a appelée le Derma Vitalis de Price.

Syd s'était assis, le menton dans les mains, les yeux fixés sur le portrait de Longue Épée, comme s'il craignait, s'il le perdait de vue, qu'un truc pas catholique lui arrivât. Mais, à ce moment, pour la première fois, il montra de l'intérêt.

– De quoi, de quoi ? demanda-t-il. Qu'est-ce qu'il y a avec le Derma Vitalis ?

– À moins que Freddie n'ait l'intention de nous réciter d'autres poèmes, déclara Tony encourageant, vous n'allez pas tarder à le savoir. C'est une histoire tellement dramatique. Si l'un de vous a le cœur faible, qu'il s'accroche à quelque chose. Vas-y, Freddie. Récite-nous *Gunga Din* et la *Charge de la Brigade Légère*, et puis viens-en droit au but.

Freddie refusa de se laisser presser.

– Le Derma Vitalis de Price a toujours été un gagnant potentiel, mais il n'y avait personne pour le pousser sur le devant de la scène. Le vieux Price paraît l'avoir mis en bouteille dans un moment de désœuvrement, puis en avoir vendu un ou deux rares flacons mais, pendant des années, il n'y a rien eu de ce qu'on pourrait appeler une réelle activité. Et puis je suis arrivé. J'ai vu qu'il y avait une fortune dans ce machin si on s'en occupait convenablement. J'ai décidé de m'y mettre. Il était là, à fleurir invisible dans les cavernes sombres et sans fond de Mott Street, mais j'ai pris les choses en main.

Il posa sur son auditoire un œil flamboyant.

– J'ai pris les choses en main, répéta-t-il. Ma première action fut d'en envoyer une douzaine de flacons au futur beau-père américain de Tubby Bridgnorth, après m'être assuré qu'il était chauve comme un genou. Je lui ai fait mon boniment au déjeuner. « Essayez-le seulement, lui ai-je dit. C'est tout ce que je vous demande. Vous ne risquez rien à essayer ce satané truc, hein ? » Un type très raisonnable, le futur beau-père de Tubby. Je ne suis pas surpris qu'il ait fait fortune. Il a cette ouverture d'esprit qui mène au succès. Il a compris mon argument. Il a essayé le Derma Vitalis. Et maintenant, à peine deux semaines plus tard, sur son dôme ovoïde, est apparu quelque chose qui ressemble à l'embryon d'un bébé paillasson.

Une exclamation fébrile échappa à Syd. Il était profondément ému.

– Si c'est vrai, dit-il avec respect, le nom de Price va passer dans l'Histoire.

– Et maintenant, conclut Freddie, une compagnie va se former en vue d'exploiter ce machin sur le plan international, et ils m'ont envoyé voir Tony pour lui demander de dire combien il en veut. Et le vieux Beamish assure que tu peux être aussi gourmand que tu en as envie, Tony, parce que les actions vont être vendues sur le marché américain et que, par un procédé que je ne prétends pas comprendre, ce seront les gogos qui paieront. Je crois que c'est toujours le cas dans la haute finance.

Syd s'était dressé. Il avait les yeux fixes d'un visionnaire.

– Ouais ! J'vais en d'mander cent mille… Que j'sois damné si j'demande moins.

Un rire plein de dérision éclata comme un coup de feu. Le rire de Freddie. Il stoppa Syd qui resta une jambe en l'air, alors qu'il arpentait fiévreusement la pièce. Il se retourna, belliqueux et soupçonneux. Les rires soudains affectaient toujours désagréable ment Syd.

– Pourquoi vous aboyez ? demanda-t-il.

– Juste à l'idée que vous puissiez poser vos conditions au vieux Beamish. Mais, pauvre idiot, qu'est-ce que vous avez à faire avec tout ça ?

– Hein ?

– Le produit, expliqua Freddie, appartient à Tony.

Tandis que la signification de ces mots le pénétrait, Syd laissa lentement pendre sa mâchoire, et une rougeur terne s'étendit sur son visage.

– Eh ! Vous croyez que vous pouvez voler mon héritage comme ça ?

– Ce n'est pas votre héritage.

– Exactement, insista Sir Herbert. Vous ne pouvez pas tout avoir, jeune homme. Si vous êtes Lord Droitwich, vous n'avez aucun rapport avec le machin-truc de Price.

Il y eut un silence pesant. Syd paraissait penser. Puis, avec une brusquerie qui tira de la vieille femme un « Wouh ! » terrifié, il saisit Ma Price par le poignet et la dirigea vers le bureau comme un remorqueur poussant un paquebot.

– Le papier, Ma ! Tu le signes ! Et vite !

– Mais, Syd…

– Oui, Syd ! s'écria le prétendant. Syd je suis et Syd je resterai. Syd Price, l'unique propriétaire du fameux Derma Vitalis… C'est moi !

Il fixa le groupe familial.

– Après c'qui arrive, vous croyez que j'ai envie d'être un fichu comte ? Pas de risque !

Il prit le papier et le fourra dans sa poche.

– J'vais m'accrocher à ça, dit-il. Au cas où vous essayeriez de m'jouer un sale tour. Si jamais l'un de vous vient raconter que j'suis Lord Droitwich, j'aurai qu'à montrer l'papier, dûment signé par Ma, pour prouver que c'est un sombre crétin.

Il se dirigea vers la fenêtre.

– Viens, Ma.

Cette tornade d'événements avait réduit Ma Price à une condition telle qu'on pourrait dire qu'elle ne savait plus si elle se tenait sur ses pieds ou sur sa tête. Son esprit n'était plus qu'un mélange confus de chats noirs, de pies, de quintes de toux d'avoués et de documents.

– J'ai bien fait ? demanda-t-elle faiblement.

– Bien sûr, que t'as bien fait. Mais, répondit Syd, j'me demande encore où t'as bien pu pêcher cette idée idiote que j'étais un comte.

Il poussa Ma Price par la porte-fenêtre, puis se retourna pour lancer une dernière flèche.

– Si jamais vous voulez m'joindre, à l'avenir, appelez le Ritz !

Freddie accrocha son regard.

– N'oubliez pas, dit-il d'un air suave, que j'attends mes dix pour cent de commission.

Le visage de Syd perdit quelque peu de son ravissement.

– Oh ! fit-il d'une voix nostalgique. Vous, j'aimerais bien avoir la chance d'vous raser, un d'ces jours.

Il se retourna et disparut.

Tony prit la main de Polly.

– Eh bien, ça y est, dit-il.

Des années semblaient être tombées des épaules de Sir Herbert Bassinger. Un instant avait suffi pour soulager son âme d'un pesant fardeau.

– Tony !

Sa voix était presque brisée par l'émotion.

– Je te félicite.

Tony rayonnait.

– Tu peux bien… Oh, se reprit-il, tu veux dire pour le titre ? Je croyais que tu me félicitais parce que je vais épouser Polly.

Indéniablement, il y eut un moment de malaise. Le fardeau qui venait de quitter Sir Herbert paraissait lui être retombé dessus.

– Euh… Hum… commença-t-il.

Mais Lady Lydia se montra à la hauteur de l'occasion. C'était une femme qui savait se résigner à l'inévitable. Elle alla vers Polly et l'embrassa. Et, s'il y eut un soupir derrière ce baiser, un soupir de regret pour cette débutante inconnue, d'une grande famille ancienne et fortunée, qui ne deviendrait jamais Lady Droitwich, elle n'en laissa rien paraître.

– Ma chère, dit-elle, je suis sûre que nous pouvons sincèrement féliciter Tony.

Elle se tourna vers Slingsby.

– Allez donc nous préparer un cocktail, Slingsby. J'en ai grand besoin.

– Non ! interrompit fermement Freddie. Dans une telle occasion, un seul homme peut préparer les cocktails.

Il se frappa la poitrine.

– F. Chalk-Marshall, l'homme qui a porté la bonne nouvelle depuis Aix jusqu'à Gant !

– Eh bien, s'il m'empoisonne, remarqua Lady Lydia en l'accompagnant à la porte, au moins, je mourrai heureuse.

Slingsby fit un pas de côté pour les laisser passer, puis les suivit dehors. Sa face lunaire paraissait illuminée d'un ravissement intérieur.

– Un cocktail ? sourit Sir Herbert. Pas une mauvaise idée. Wetherby ?

– Certainement, fit monsieur Wetherby.

Tony embrassa sa Polly.

– Et ainsi, enfin, conclut-il, la paix et le bonheur tombèrent sur Anthony, cinquième comte de Droitwich…

Polly s'était dégagée et le fixait d'un air misérable.

– Tony, je ne peux pas !

– Vous ne pouvez pas quoi ?

– Vous épouser.

Tony sourit avec confiance.

– Attendez que je vous emmène à St George Hanover Square, dit-il. Vous verrez bien que vous pouvez m'épouser.

– Mais cette maison. Elle est si grande !

– Vous vous y habituerez.

– Mais je ne pourrai pas être comtesse.

– Ne vous croyez donc pas tellement supérieure aux comtesses, admonesta Tony. Elles valent autant que vous.

– Mais j'ai peur !

– Bon, écoutez, déclara Tony. Quand vous m'avez accepté, j'étais barbier. Grâce à mon industrie et à mon esprit d'entreprise, j'ai réussi à monter dans l'échelle sociale et à devenir comte. Vous ne pouvez pas me laisser tomber maintenant. Ce serait porter un coup fatal à toute ambition. Pensez à tous ces jeunes gens, qui essaient de faire leur chemin dans le monde, et que vous décourageriez. À quoi bon se donner du mal pour arriver, se diraient-ils, si la fille que vous aimez vous laisse choir à votre heure de triomphe ?

– Mais, Tony… Vous ne voyez donc pas ?... Vous ne comprenez pas ?... Je ne suis pas à ma place… Je ne pourrais pas…

– Oh, allons ! dit fermement Tony.

Il mit un terme à ses errements en la soulevant dans ses bras et en l'emportant vers la porte. Là, il s'arrêta un moment pour l'embrasser.

– Tony et Polly ! murmura-t-il. La bonne vieille firme.

Il l'embrassa encore et ils sortirent vers l'endroit où des sons cristallins annonçaient que l'Honorable Freddie Chalk-Marshall était au travail.

Ce volume,
le quatorzième
de la collection « Domaine étranger »,
publié aux Éditions Les Belles Lettres,
a été achevé d'imprimer
en décembre 2013
sur les presses
de la Nouvelle Imprimerie Laballery
58500 Clamecy, France

Dépôt légal : janvier 2014
N° d'édition : 7750 - N° d'impression : 312177
Imprimé en France